日本のアール・デコの建築家

渡辺仁から村野藤吾まで

吉田鋼市

王国社

目次

はじめに

典型的といってもよい文字通りのアール・デコの建物が、最近、国の登録文化財となったり、地方自治体の文化財や景観重要建築物になったりして、つぎつぎと保存活用されている。前著『日本のアール・デコ建築入門』(二〇一四年三月、王国社)で取り上げた大阪の芝川ビルと生駒ビルヂングが国の登録文化財になっているし、本書で後に触れることになる本間乙彦設計の同じく大阪の小川ビルも国の登録文化財である。あるいは、本書で触れる鈴木禎次設計の徳島の旧・高原ビル(現・国際東船場113ビル)や国枝博設計の松江の旧・八束銀行本店(現・ごうぎんカラコロ美術館)も国の登録文化財であるし、村野藤吾設計の宇部市渡辺翁記念会館は国の重要文化財である。また、宇部市渡辺翁記念会館の近くにある村野設計の旧・宇部銀行本店(現・ヒストリア宇部)は宇部市の景観重要建造物に指定され、市民の盛んな利用対象となっている。こうした傾向は、大正末期から昭和初期にかけて建てられた都市の主だった建物がアール・デコであり、生き永らえてきて街の一種のシンボルとなったそうしたアール・デコの建築に人々が愛着を持ち、活用を図ってきたということを意味するであろう。

実際、昭和初期に建てられた建物は大なり小なりアール・デコ的であるから、アール・デコの建物はどこにでもあるといえる。少しずつ姿を消しつつはあるが（現に、本書に書いたのは概ね二〇一五年夏の状況であって、出版の際には無くなっていることもあり得ないわけではない）、また一方で上述のように保存活用が図られて街のランドマークとなり、恒久的に残されようとしている。前著『日本のアール・デコ建築入門』では、そうした建物を建物の用途ごとに五十件とりあげたが、もちろんアール・デコの建物がそれだけで尽くされたわけではない。それと規模としても質としても同等のものはまだたくさんある。本書はそうしたものを新たに紹介する前著の続編ではあるが、単なる続編ではなく、建物の用途別にではなく、それらを設計した建築家ごとにまとめている。一つの建物の実現にはたくさんの人が関わっており、建築家個人の作品ではないし、とりわけアール・デコは作家性の希薄なこと、無名性のもとにあることがいちばんの特色であるのに、建築家ごとにそれをまとめるというのは、邪道だと思われるかもしれない。しかし、現にたくさんのアール・デコの傑作を残しているいわばアール・デコの建築家とも呼び得る人たちがいて、彼らの仕事をたどりながらその存在を知ってほしいと考えたのである。こと建物の造形的なイメージに関する限り、それはまず建築家たちの頭に宿り、彼らを中心とする努力によって実現されるのであるから、彼らの歩んだ道をたどりながら見たほうが分かりやすいし、思い入れもしやすいだろう。それに、彼らは商業的にすぎるとか、時代におもねったとか言われて不当に軽んじられており、彼らを正当に知ってほしいという願いもある。前著では、そうした建築家の建物は代表作にのみとどめたが、ここでは概ね彼らのこの時代の現存作品すべてに触れたから、アール・デコの真髄といったものに触れ得るであろうし、アール・デコの本質とはなにかといったことを考える機会にもなるであろう。

そもそもアール・デコは、いわゆる近代運動とは違って、主義・主張とともに展開した自覚的で先鋭な芸術運動の成果ではなく、工芸の地位向上を背景にした工芸家や造形作家の実践的な活動の産物であり、その実践性・商業性の故に瞬く間に世界中に広がったスタイルである。したがってアール・デコの建築家としては、理念の発展史として書かれてきた近代建築史上に真っ先に現われるような大家の建築家はあげにくく、比較的マイナーな建築家がアール・デコの建築家としてあげられることが多い。しかし、どんな巨匠も大家も、一九二〇〜三〇年代を生きた建築家は、この時期すべてなにがしかのアール・デコ的傾向を示している。それは時代の傾向であり、建築家も工芸家も、彼らの作品を使う人々も、すべて引き込まれた時代の大きな潮流だったのである。

本書は、そうした潮流に積極的に身を投じた建築家ごとに彼らのアール・デコの仕事の跡をたどったものである。副題を「渡辺仁から村野藤吾まで」としているが、東京国立博物館や銀座和光で知られる文字通りのアール・デコの大家渡辺仁から、広島世界平和記念聖堂や日生劇場のビルなどむしろ戦後の作品で知られる近代建築史上の大家村野藤吾の間に十一人の建築家を挟み、都合十三人の建築家をとりあげている。村野藤吾の造形はアール・デコの最大の特徴であるくっきりとした輪郭や明確な分節を一面で避けている故に前著ではまったくとりあげなかったが、その村野藤吾をなぜ副題にまでしたかは、本書の村野の章を読んでほしいが、彼は生涯アール・デコ的な感覚を捨てなかった人であるし、正直に言えば彼の知名度に頼ったところもある。渡辺仁をはじめ、その作品を前著でとりあげた人の仕事は、前著ではとりあげなかった他の建物のみをとりあげ、繰り返しはしていない。ただ、ここにとりあげた建築家でも、最初期から最晩年まで生涯アール・デコ的な作品をつくり続けた人は稀で、生涯のある時期に集中的にそうした作品をつくっただけの人もいる。だから、ここにあげた建築家たちすべてをアール・デコの建築家と呼ぶことにためらいを感じられるかもしれないが、すべてを飲み込んでいく時代の流れを最もよく体現した人として、彼らの生涯と時代の関わりを感じてもらえると幸いである。

アール・デコは時代の流れであるとは言ったが、もちろん単なる流行ではないし、別段、創意を欠いていたわけでもない。鉄筋コンクリートという新しい技術を積極的に採用し、それが可能にするシンプルで幾何学的な造形を用い、また同時に地域に深く根差した伝統的な意匠をも加味して時代の要望に応えた。それは、建物が単なる理念や主張の表現媒体としてあるのではなく、用途と堅固さと快適さと美しさを兼ね備え、かつ建物の属性を明確に表現するべきものであることを巧まずして示している。だからこそ、地域の多くの人々の支持を得て保存活用が図られているのであろう。

本書は、今日でも魅力を失わないアール・デコの現存建物を建築家ごとに紹介するものである。つまるところ、アール・デコの建築家とは、理念の表現が先行する頭でっかちの建築家ではなく、理念と実践のバランスが取れ、かつ造形的、シンボリックな表現に巧みであった建築家、さらに誤解を恐れずに言えば、青臭くない手練れの建築家ということになるであろうか。本当にそうかを、以下の記述で確かめ、実際に建物をご覧になって確かめていただけると幸いである。

アール・デコの建築家とは誰か

アール・デコは、自覚的な運動体である分離派などとは違って、半ば自ずと現われてきて盛行した同じような造形的傾向を後になって名付けられたものであるから、それを信奉するグループがあるわけではない。先述のように、大正末期から昭和初期にかけては、大なり小なり誰しもがアール・デコ的な傾向を示しているから、誰をアール・デコの建築家として取り上げるかはなかなか難しい。

本書では、渡辺仁（一八八七〜一九七三）を最初にし、村野藤吾（一八九一〜一九八四）を最後にして、その間に十一人の建築家を生まれた年の順に並べている。渡辺仁と村野藤吾を別扱いにしたのは、アール・デコの現存作品の数と規模からして、まさに渡辺はアール・デコの建築家を代表する存在であり、村野は既述のようにその建築家としての知名度に便乗したところもあるが、主として戦後の建築で知られる村野の出発が他ならぬアール・デコであることを言わんがためである。それに、生まれた年からしても、村野はこの十三人の建築家の最後に近い世代に属している。

渡辺と村野の間の十一人だが、まず現存作品(住宅として建てられ、現在も個人住宅として用いられているものは内部が見られないので除く)がいくつかあって、実際にその仕事の後を確かめ得ることを重視した。つまり、アール・デコの現存作品が一つしかない人は除いたということである。その結果が宗兵蔵(一八六四〜一九四四)、鈴木禎次(一八七〇〜一九四一)、武田五一(一八七二〜一九三八)、木下益治郎(一八七四〜一九四四)、国枝博(一八七九〜一九四三)、ウィリアム・メレル・ヴォーリズ(一八八〇〜一九六四)、中村順平(一八八七〜一九七七)、遠藤新(一八八九〜一九五一)、本間乙彦(一八九二〜一九三七)、高橋貞太郎(一八九二〜一九七〇)、清水栄二(一八九五〜一九六四)というわけである。中村順平は、本書でとりあげたものは一つしかないが、前著でとりあげたレリーフと合わせて勘案して欲しい。前著でとりあげた中国銀行旧本店の薬師寺主計は、中国銀行倉敷本町支店(一九二二年)の一部や有隣荘(一九二八年)の食堂にアール・デコが見られはするが、如何せん彼のアール・デコの代表作、中国銀行旧本店が部材を残すのみなので断念した。同様に前著でとりあげたインテリアの傑作、ライオン銀座七丁目店で知られる菅原栄藏も、もう一つ駒沢大学図書館(一九二八年)もあるが、現存作品はまずはこの二つだけなので断念。前著でとりあげた大阪府庁舎と名古屋市庁舎の両方のコンペの勝者、平林金吾も現存する実作がないのでこれまた断念。また日本橋三越本館をとりあげた横河工務所も、イメージとしては建築家の個人性よりも組織性のほうが強く印象づけられるので、やはり断念。

あるいは、建築家というよりもむしろ大著G・ゼンパーの建築論の研究者として知られる大倉三郎は京都大学法経済学部本館(一九三三年)で、また鉄筋コンクリートの技術者として知られる阿部美樹志も東京建物ビルディング(一九二九年)で、アール・デコ的な感覚を示しているが、両者とも非常にプラクティカルで、こと造形のみに淫するところがないことと、これぞアール・デコというべき作品がないので、これまた断念。ついでながら、阿部美樹志は札幌農学校土木の出身であるが、多摩川河港水門の設計で知られる金森誠之(東大土木出身)など、土木出身で建築にも関わった人の建築の仕事はアール・デコ的な造形を示していることが多い。現に、彼らが自分で設計して建てた阿部、金森両自邸は健在で、ややアール・デコ的。大正末期から昭和初期に建てられた各地の水道施設も、土木技術者の設計になるものであろうが、アール・デコ的なものが多い。つまり、鉄筋コンクリート造の実用的な施設になにがしかの装飾的細部を施したものは自ずとアール・デコ的になるともいえる。そうした実用的な施設の装飾には単純明解なものが望まれたであろうから幾何学的なものが多いからである。

さて、本書にとりあげた十三人の建築家たちであるが、宗兵蔵を除いて一八七〇年以降一八九〇年代前半までに生まれている。つまり、アール・デコ盛況の一九二〇〜三〇年代に三十〜

五十歳代だった人たちということになる。ちなみに、ル・コルビュジエは一八八七年生まれであり、渡辺仁、中村順平と同年生まれである。この世代は、基本的には歴史的な様式建築による教育を受けつつも、勃興しつつあった西洋の新しい造形運動に共鳴し、かつ日本の独自性がどうあるべきかに心を砕いた世代ということになる。そして、ここにあげた十三人の建築家たちは、歴史的な様式建築をひたすらつくる保守の人でもなく、まったく新しいコンセプト剥き出しの造形を志向する前衛の人でもないいわば中庸の人ということになるであろうか。彼らは、理念を形にしただけという頭デッカチの建築家ではなく、新しい技術と造形を採り入れつつも、建物が使う人や見る人にとって気持ちのよいものであることを目指した。あるいは、普通の人々の心地よさの感覚を捨てきれなかった人ともいえるが、よく言えば建物が、施主や建築家のものであるよりも使用者やそこを通りがかる人のものであり、景観を構成する要素であることをよく知っていた建築家ということになる。もう少し公平に、そして率直に言えば、装飾的細部に腐心することが好きな人、そして新しそうだが殺伐とした空間ではなく、視覚的かつ触覚的なテクスチュアをつくることに心傾けることが好きな人、そして声高に言挙げしない人、俗に言えば口よりも手が動く人、ということになるであろうか。

実際、ここにあげた建築家たちは、あまり多くの言葉を残していない。渡辺仁はほとんどなにも書いていないらしい。建物はできあがったものがすべてであって、それに付随する解説もそれにこめた意図や主張の陳述も、蛇足で空しい弁解でしかないと考えていたであろうか。あるいは、もっと言えば、設計をはっきりとビジネスと考えていたかもしれない。だから、作品などと言わずに、仕事と言ったであろう。たしかに近代は新しいコンセプトと技術がつくってきた点が大きいが、結局残るのはモノでしかない。コンセプトも文字で書かれた文献でしか残らない。ここにあげた建築家たちは、モノとして残る仕事を残してきた人たちということになる。そしてまた、建築家の書いたものと建てたものを短絡的につなげるのは単純にすぎるであろうし、書いたものと建てたものは別の作品と考えるべきであろう。

アール・デコの建築は、建物の部分と、それをつくっている部材が魅力をもつ。それらは石やタイルやテラコッタや木や鉄でつくられており、経年的劣化にも耐え、むしろ年とともに魅力を加えていく。だからこそ、そうした建物が残されてきたのであろう。本書でとりあげる建物も、単に運よく生き延びてきたのではなく、残されてきたのである。

アール・デコの建築家の歴史的位置と役割——純芸術かエンターテインメントか

ヨーロッパでは、アール・デコは一九〇〇年代と一九一〇年代の様々な造形上の近代運動を踏まえて登場した。最初にアール・ヌーヴォー、続いてセセッション（ゼツェシオン）、キュビスム、未来派、構成主義、デ・ステイル、アムステルダム派、バウハウスなどが起こり、新しい世紀の新しい造形を追い求めて行く。セセッションは分離という意味であるが、これらの運動はすべて西洋に長い間培われてきた歴史的な様式からの分離・離脱を目指し、工場における大量生産の時代にふさわしい新しい造形を求めたのである。歴史的な様式というのは、ルネサンス以来、五百年近くも用いられ続けたギリシア・ローマの神殿を基礎とする古典主義（クラシック）の様式と、ロマネスクやゴシックの中世系の様式を二大要素とし、それに庶民的でヴァナキュラナーなスタイルも時に用いられもしたが、いずれにしても伝統や慣習に根ざしたものであった。その伝統や慣習や権威にこれらの運動をになった人々は激しく抗ったのである。その背景には、工場で大量に生産され、頻繁に使用されている日常製品のデザインをどうするかという現実的な問題と、そうしたものを現にデザインしているが、権威づけられた高等造形教育を受ける機会を得なかった人々の地位向上志向があった。

近代運動は、歴史的な様式のもつ煩雑な約束事の体系を壊したり、歴史的な様式を幾何学的に簡略化したり、あるいは、本来は自然を造形化したものでありながら形式化し硬直化した伝統的な装飾を踏襲せず、あらためて自然を描写し直すことなどから始めて、造形の構成要素を換骨奪胎して基本的な要素から再構成するものまで様々であったが、建築においては、薄い膜（ガラスが望ましい）で覆われた立方体（俗に豆腐を切ったようなと言われる）の空間を目指す。これは、構造の要であると同時に一定の意味を託された重々しい壁の否定であるが、それを可能にしたのが鉄筋コンクリートと鉄とガラスという新しい構造と材料であった。そしてこうした考え方は、必要が要求することのみに応える機能主義に則り、最少の材料で最大の機能を無駄なく果たすことを目指し、緊張感のあるギリギリの状態で建っていることをよしとし、またそうした状況を表現した形に心動かされる。そして一切の付加的装飾を排除する。要するに、無駄はないが余裕もない。これが理念としてのモダニズムであるが、ただしこの窮極の理念としてのモダニズムの建物は、現実にはあまりない。実際の建物は、唯一単純な機能をもつものではないし（どんな建物にも均一性を乱す便所は必要）、情報発信をも含む複雑な機能を果たしているからである。

ごく大雑把にとらえると、アール・デコの建物は、歴史的な様式の建物とこのモダニズムの建物との中間に位置すると見なされる。もちろん、この三つのものはデジタルにはっきりと分けられるものではなく、アナロジカルに相互に連続している。歴史的な様式の細部を簡略化したものが正統的な歴史的様式の建物とアール・デコの間に存在しているし、あまりゴテゴテした装飾的細部をもたないが骸骨のように単に理念を表現しただけではないモダンな建物が、究極のモダニズムの建物とアール・デコの間にある。そして、それらの差異もごくわずかである。ともあれ、アール・デコを歴史的な様式の建物とモダニズムの建物の間に置いてみると、大正末期から昭和初期の建物は、多くがアール・デコのグループに属することがわかる。本書でとりあげた建築家たちは、その中枢の建物群をつくった人たちということになるが、彼らの歴史的な位置づけはどうなるであろうか。

まず、彼らはがちがちの歴史的様式信奉者ではなかった。世代としても、西洋の歴史様式をひたすら学ばなければならなかった、あるいは学べば事足りていた世代ではなかった。歴史的な様式の建築は概ね煉瓦造や石造でつくられていたが、そうした組積造の地震に対する脆弱性が指摘されるとともに新しい鉄筋コンクリート造が登場し、鉄筋コンクリート造にふさわしい造形が求められてもいた。彼らは分離派建築会宣言をした人たちよりも少し年長の世代に属するが、留学や渡航をした人も多く、すでに新しい西洋の建築運動を知っていて、その動きに呼応しようとしていた。しかし、純粋な理念的モダニズムに帰依したわけではない。彼らは理念を述べて事足れりとするほどうぶではなく、より実践的な建築家であった。彼らは新しい技術的成果と新しい造形的成果を採り入れて施主と時代の要請に応えた。つまり、彼らは非常に実際的でバランスのとれた成功した建築家であり、いわば時代の主流を歩んだ建築家ということになる。

あるいは、彼らは時代に流され過ぎたとも言われるかもしれない。とりわけ一九三〇年代にナショナリスティックな表現を用い過ぎたかもしれない。しかしこの時代、資本主義、社会主義、ファシズムといった体制の如何を問わず、どの国も大なり小なりナショナリスティックな建築表現を取っていた。たしかに亡命を強いられた人はいるが、モダニズムに帰依した建築家たちが果敢に体制と戦ったという話は神話にすぎない。ル・コルビュジエのヴィシー詣でと丹下健三の在盤谷日本文化会館設計案の例をあげるまでもないであろう。もちろん、モダニズムの建築家たちは概ね社会主義的な傾向をもち、インターナショナルな連帯を求め、建物によってその連帯を表現し得るし、表現するべきだと考えた。しかし、そもそも建築は人々の思想や意識にそれほど直接に働きかける存在ではない。現実の生活や環境を通して間接的に、じわじわとではあるけれども根本的に人々の意識を変えていく存在である。造形が思想の直接的な表現でありうる、そしてまたそうでなければならないというのもまたモダニズムの神話にすぎない。それに、彼らアール・デコの建築家たちは、ナショナリスティックな表現にばかりこだわっていたわけではなかった。建物の用途や、建物の体現しなければならない性格を伝えるために、それぞれの状況に応じて様々な造形要素を使い分けたのである。

この建物の用途や、施主や使用者の属性に従って建物のイメージを変えなければならないという考え方は、西洋に古くからある考え方で、古代ローマ期にはデコルと呼ばれ、それ以降いくつかの言葉で呼ばれたが、十八世紀半ば以降キャラクター（性格）という語で呼ばれてきている。つまり、「建物格」とでもいうべき建物の特性のことで、役所は役所らしく、劇場は劇場らしく、工場は工場らしくあるべきで、また住宅はそこに住む人の属性・人格にふさわしいものでなければならないとするものである。その「らしさ」を最も端的に保証するものが装飾ということであるから、この概念が古代ローマ期に今日のデコレーションと無縁ではないデコルという言葉で呼ばれていたのは不思議ではない。しかし、「らしさ」を保つということは、つまるところ旧体制を維持し、伝統的な価値観を保持することによって可能となるのであるから、モダニズムはこうした考えを否定して、あらゆる建物を用途がわからない白い箱のような建物にしてしまった。モダニズムが否定したもう一つの考え方が、建物はそれが建つそれぞれの土地の風土と風習を反映し表現しなければならないとするものである。熱帯であろうがツンドラであろうが、インターナショナルなものでなければならず、そして最小限の資材で必要を満たした形は必然的に同様なものにならざるを得ないというのがモダニズムの考え方であった。

これに対して、アール・デコの建築家たちはキャラクターにも土地の風土にも積極的に対応した。役所はある種の威厳を表現すべく役所らしくし、城のある街には城郭風にするなど、時にはその土地の風土を外観に表現しようとした。銀行は安全性・恒久性を、ホテルは清潔さと快適さを、そして映画館やデパートは華やかさと娯楽性を外観にはっきりと表現しようとした。もちろん、彼らはそれを旧態依然のやり方で行ったのではなく、最新の技術的成果を使って実施したのである。つまるところ、アール・デコの建築家たちは、きわめて実践的に時代とともに歩み、時代の街並みを形づくったということになる。

もう一つ、余計な言になるかもしれないが、アール・デコの建築家をエンターテインメントに傾いた通俗・大衆作家、モダニズムの建築家を純文学作家という風にアナロジカルに見るむきもあるかもしれない。あるいは、これに加えて、歴史的様式を守り続けた建築家をアカデミックな作家とみることもできる。用語を変えて言えば、アール・デコをキッチュあるいはサブ・カルチャー、モダニズムをアヴァンギャルドあるいはハイ・カルチャーと見なす考え方である。しかし、こうした分け方が今日ほとんど意味をなさなくなっていることは誰しも知るところである。こうした見方は、新しさ、奇矯さをなによりもの価値とするそれこそ奇矯な一時代の見方にすぎない。文体と方法的模索を重視するとされる芥川賞と、娯楽性と商業性を重視するとされる直木賞の違いも曖昧になっているようだ。前者は比較的短い作品を書いた新人、後者はある程度経験を積んだ著者の長い作品に与えられるという説すらある。純粋な芸術もなにがしかのエンターテインメント性をもち、いわゆる通俗作品もなにがしかの真摯さをもっている。

建築に戻していえば、風格や気品や真摯さ、あるいは逆に迎合や下劣や自堕落さは、アール・デコ、モダニズム、歴史的様式として分けられたどのグループにも見られるものであり、いわゆる芸術性といわゆる商業性は、必ずしも相反するものではない。建築家の価値は、彼がどういう造形的スタイルを好んで使ったかの問題ではない。彼の仕事が、もちろん言説も含めて、長期的にどれだけの影響を社会に与えたかによるであろう。そうした見方に立てば、アール・デコの建築家はいまも影響力を保っているのであり、正当的な建築家と言えるかもしれない。あるいは、そんなことはつゆ考えず、ただひたすら設計し続けただけかもしれないが。

渡辺仁——アール・デコの精髄

渡辺仁（一八八七～一九七三）が設計に関わった建物には、現存している大作が驚くほど多い。前著でとりあげた東京国立博物館（一九三七年）、銀座和光（一九三二年）、ホテルニューグランド（一九二七年、横浜市認定歴史的建造物）しかり、前著にはとりあげなかったが誰もが知る皇居お堀端の第一生命館（一九三八年、現ＤＮタワー21、東京都選定歴史的建造物）しかりである。住宅としても最大級規模の徳川義親侯爵邸（一九三四年）を設計しているが、その洋館は八ヶ岳高原ヒュッテとして移築され現存しているし、「徳川ビレッジ」と名付けられた目白の住宅地の広大なその跡地の一画には徳川黎明会の建物（一九三二年）が現存している。新宿区立早稲田小学校（一九二八年）も手がけているが、この小学校校舎も現役の校舎として健在である。これはつまりは彼が成功した建築家だということを意味するであろうが、さらにここに挙げた建物のスタイルも様々で、これが渡辺様式だという風には簡単には収斂せず、きわめて多様多産な造形力溢れる建築家であったということを示すことになる。

この造形的豊饒は、渡辺が一九一二年に東大を卒業した際の卒業設計の立面図にもすでに見られる。それは〝A Memorial Art Gallery〟と題した美術館とおぼしき施設の設計であるが、その中央部分は、ノルマンディーのロマネスクとクラシックの合体したようなもので、左右の楼閣はイスラムの霊廟のようでもあり、そして全体はオランダの近代建築の先駆者ベルラーへが設計した建物風でもあり、非常に多様濃密な造形的成果を示している。つまり、彼の造形力は若くして示されていたということである。

彼は、東京帝国大学工科大学学長も務めた著名な鉱山学者、渡辺渡の長男として一八八七年（明治二十年）、東京で生まれている。いわゆる坊ちゃんとして生まれたわけだが、もちろんこれは、彼が民間の建築家としてやっていくのに役立ったであろうが、彼は本来的に設計と造形の意欲と力に恵まれていたのであろう。大学卒業後、鉄道院と逓信省に勤務しているが、これは父親が望んだものとされ、父親が死んだ次の年には、わずかに九年間の官の職を辞して早々と自前の設計事務所、渡辺仁建築工務所を開いている。この工務所という名称は、当時、別段珍しいわけではなかったようだが、建築は浮薄な主義主張ではなく、確かな技術と実践にすぎないとおそらく彼は考えていたであろうから、彼の事務所の名にふさわしい。設計事務所開設以来、増改築も含めれば三百数十件もの仕事をこなしているようで、文字通り大建築家と言ってよいであろうが、八十七歳という長寿を全うしているにも関わらず、晩年の二十年間は仕事をしていない。没年は一九七三年(昭和四八年)。なお、彼の名は本来「ひとし」と読むのであろうが、彼自身が自分の図面に"Jin"と書いているので、普通は「じん」とされている。

さて、本書でとりあげるべきは、もちろんアール・デコの現存作品であるが、先述のように前著で東京国立博物館、銀座和光、ホテルニューグランドをとりあげたので、ここでは小田急南新宿ビル(一九二八年、旧・小田急本社、施工：清水組)と広島の百貨店、福屋八丁堀本店本館(一九三八年、施工：藤田組)をまずとりあげよう。前者は、小田急小田原線の南新宿駅の近くの線路沿いに建っているそれほど大規模ではないビルであるが、モダンなアール・デコの感覚が溢れた建物である。とりわけ、軒のコーニスや水平に連続する窓の上下のコーニス、壁の隅部に三段につけられた付加的なコーニスの鋭くメリハリの利いた造形が注目される。また玄関入り口のドアの左右につけられた石の付柱がすばらしい。もう一つの福屋八丁堀本店本館は、壁面に密に施された細い付柱のような垂直部材が目立つが、その垂直部材は丸くなったコーナー部分の最上部に集中的に見られる。いわゆるゴシック調アール・デコの一種ではあるが、密に配された細い垂直部材は繊細である。

この二つの他に、先述の新宿区立早稲田小学校(一九二八年、施工：上遠合名会社)と徳川黎明会の建物(一九三二年、施工：清水組、横田工務店)がある。早稲田小学校は、オランダ破風のようなユニークな破風飾りをもつ小学校校舎であるが、門柱や細部にアール・デコが見られる。徳川黎明会もゴシックとアール・デコの合わさったもの。現在、八ヶ岳高原ヒュッテとしてある旧・徳川義親侯爵邸(一九三四年)のチューダー・リヴァイヴァルの破風飾りにすら、アール・デコ的な感覚はうかがえる。

さらに、原美術館(一九三八年、旧・原邦造邸、施工:清水組)のモダニズムの建物に近いが厚みがあって優雅でやはりアール・デコ的な感覚が溢れる作品と、先にも触れた一九三〇年代の世界的な復古的・古典主義的・記念碑的アール・デコを代表するものの一つとも目される第一生命館(一九三八年、松本與作と共同設計、施工:清水組)を合わせれば、古典主義的なアール・デコからモダニズムに近いアール・デコまで、あるいは東京国立博物館の和風アール・デコもいれれば、まったく自在である。ついでながら、東京博物館の屋根について、彼自身は「あれはジャワか、どこかあっちのほうの民族建築で、やはり屋根が急になってもう一つの屋根が出ているのです。そのタバコ入れか何か(笑い)それを真似たようなものです」と「大正の建築を語る」という建築学会の座談会で語っている(『建築雑誌』一九七〇年一月)。この座談会の記録から、彼自身の発言はあまり多くはないが、渡辺の性急にことを断じないとぼけた感じと生来のユーモアのセンスがうかがえるし、彼自身が書いた東京国立博物館の設計案説明書、「従来屢〻企テラレタル日本趣味ノ混凝土建築ハ木造表現ニ重キヲ置カレタレ共、斯ル大建築ニ於テハ構造上寧ロ、石造表現ヲ至當ト信ジ詳細ニ至ル迄是レニ留意シテ設計セリ」(『東京帝室博物館建築懸賞設計図集』東京帝室博物館復興翼賛会、一九三一年)からは、華奢な軸組構造ではなく厚い壁構造を好む彼の重厚趣味を垣間見ることができる。彼は謡曲が趣味だったとされるが、単なる日本趣味を超えて東洋そして世界を同時的、直接的に感じていたに違いない。ちなみに、一九二六年には彼は欧米を旅行しており、また第一生命館にはまったく日本的なモチーフはないし、彼自身あの正面の方形の列柱を、オーダー柱よりも経済的だからと記している(『建築雑誌』一九三三年一月号)。さらに、旧徳川侯爵邸のチューダー・リヴァイヴァル、早稲田小学校のオランダ破風まで考えれば、なんでもありである。これを節操がないというのは、同じことしかできない者の一種のやっかみにすぎないであろう。渡辺にとっては、いかなる施主の要望にも巧みに応えるのがプロの建築家の仕事であって、どんな仕事にも自分のスタイルを押し付けるのはガキの仕業に類するものであったに違いない。

渡辺仁は、大建築家であり、日本を代表するアール・デコの建築家である。第一生命館(現DNタワー21)は世界の一九三〇年代を代表する建物の一つであろう。しかし、それは基本的にはファサードの保存であるから、結局、内外ともよく当初の姿をとどめていて最もアール・デコ的な渡辺の作品は、やはりホテルニューグランド(一九二七年)ということになるであろう。これもまた、世界のアール・デコのホテルを代表するものの一つであり、ちょうど渡辺の四十歳の時の仕事ということになる。

小田急南新宿ビル(旧・小田急本社)、正面外観　コーナーが丸くなっており、コーニスの水平の線がくっきりとしていて目立つ。左端の隅窓の表現は大変モダン。

小田急南新宿ビル、外観細部　輪郭のはっきりしたコーニスと三段の装飾的コーニスで、隅を強調している。

小田急南新宿ビル、玄関入り口　ドアは取り換えられているが、左右の付柱に注目。

小田急南新宿ビル、外観細部　正面入り口ドア左右の石製の付柱。真ん中より端によったところが沈ませられ、幅の広い突出した側の端に二か所の装飾的窪みが見られる。

東京都、新宿区立早稲田小学校、正面外観　中央のオランダ破風のような妻壁飾りが特徴。この妻壁飾りは他にもいくつか見られる。

早稲田小学校、門柱　隅部分がギザギザに削られ、頂部が細められている。

早稲田小学校、外観細部　玄関ポーチの庇の持送り。下端両側と先端に丸い繰形が見られる。

福屋八丁堀本店本館、全体外観　コーナーが丸くなっており、密に配された垂直の装飾的な付柱が目立つ。

福屋八丁堀本店本館、外観細部　コーナー部分の頂部。付柱が面取られて非常に繊細な表現となっている。

福屋八丁堀本店本館、外観細部　壁面細部。付柱の面取り部分は曲面のタイルが張ってあり、スパンドレルの部分はタイルが縦方向に張ってある。

原美術館（旧・原邦造邸）、正面外観　全体に非常にモダンな感じだが、壁面は全面モザイクタイル張り。

原美術館、外観細部　窓のグリル。非常にモダン。窓の枠にもまったく繰形がない。

DNタワー21（旧・第一生命館）、全体外観　正面の10本の巨大で無機的な列柱（柱というよりも壁に近い）がパワフルで印象的。

DNタワー21、外観細部　列柱と外壁の間。列柱は無機的と言ったが、角は少し沈められている。照明器具はアール・デコ。

徳川黎明会、正面外観　ゴシックもしくはエリザベス朝とアール・デコのアマルガム。壁にメダリオン飾り。扉の窓は菱形。

八ヶ岳高原ヒュッテ(旧・徳川侯爵邸)、正面妻壁細部　妻壁の横材に曲折文様が見られ、破風板に唐草模様が見られる。

宗兵蔵——晩年のアール・デコ

宗兵蔵《そうひょうぞう》（一八六四～一九四四）は、本書でとりあげた建築家のなかで唯一の一八六〇年代生まれで、他の建築家たちよりも少し年長である。彼がアール・デコの建物を手がけるのは最晩年のことであるから、あるいは彼のアール・デコの仕事は、設計事務所の若いスタッフの助力の故とも考えられる。実際、宗がアール・デコの建物をつくっていた時代には、事務所員に「アール・デコの建築家とは誰か」の章で少し触れた大倉三郎がいた。大倉が宗建築設計事務所を辞めて京大営繕に入り担当したとされる京都大学法経済学部本館（一九三三年）はまさにアール・デコではあるが、宗建築設計事務所の仕事のほうがもう少し多様で、それぞれに独特の性格を有しており、最終的な性格を決めたのはやはり宗兵蔵であろうから、彼の事務所の仕事を彼の名の下に記しておきたい。

彼は一八六四年（元治元年）東京の生まれで、東大（当時は帝国大学）卒。福島藩士の息子でもあり、大阪とは本来縁はないが、宮内省、東京市、海軍省を経て藤田組に入ることによって大阪との関わりができ、一九一三年に大阪に宗建築設計事務所を開設。一九三一年にはそれを閉じているから、その事務所の存続期間はそれほど長くはない。亡くなったのは一九四四年（昭和十九年）。知られているこの事務所設計の仕事はわずかである。現存するアール・デコの建物と目されるのも、わずかに三点、すなわち前著でとりあげた生駒ビルヂング（一九三〇年、国の登録文化財、施工：大林組）、旧制灘中学校本館（一九二九年、国の登録文化財、施工：神戸宮崎工務店）、莫大小《メリヤス》会館（一九二九年、施工：大阪橋本組）のみである。しかし、狂い咲きともいえる濃密な造形の生駒ビルヂングと非常にユニークな旧灘中の存在ゆえに、ここにとりあげておきたい。

生駒ビルヂングは前著でとりあげたから、ここでは旧制灘中を中心にとりあげる。これは実際、興味深い造形をいろいろ含んでいる。窓は縦長の矩形であるが、窓枠は尖った三角でゴシックを思わせもするが上の方が広がっており、壁の中央上部にはロマネスクで見られるような連続アーチ形の破風飾りがあったり、一階の壁はクラシック風の横目地が切ってあったり、ポーチの開口部の上部は多角形であったり、門柱の頂部はエリザベス朝様式風であったりする。悪くいえばバランスを欠いているが、なんとなく漫画的でユーモラスな感じもする。これが、天下の秀才が学ぶ学校というのも面白い。もちろん背後には立派な新校舎もある。宗兵蔵の真骨頂は、この飄々とした自在さにあるのかもしれない。

もう一つの莫大小会館（一九二九年）は、二階の窓が半円アーチの列をなす（そういえば生駒ビルヂングの二階の窓も半円アーチ窓であった）、ファサードのかなり長いシンプルな意匠の建物である。かなり長い建物になったのは一九三七年に増築されたかららしいが、スタイルは同じで全体が統一されている。意匠的にはとりたてて言うべきことはないが、コーニスと石の腰壁の造形が辛うじてアール・デコ的感覚を伝えている。

灘中学校本館、正面外観　一階の壁は組積造風に横線が引かれ、二階の窓枠は裾細りの三角窓。中央にとって付けたようなロンバルド帯風の妻飾り。

灘中学校本館、玄関ポーチ　開口部は裾広がりの多角形。支柱には長六角形の窓。入り口上部には菱形の装飾が見られる。

灘中学校本館、門柱　頂部が福禄寿の頭のよう。門灯は六角形。

莫大小会館、正面外観　一階、三階、屋階は矩形の窓だが、二階はアーチの窓。長いファサード。右側が1929年、左側が1937年。屋階は戦後の増築で、側面からは切妻屋根が見える。

莫大小会館、外観細部　石張りの腰壁。角が斜めにカットされている。

莫大小会館、内部
階段の親柱。円柱形でシンプル。

鈴木禎次——縦横無尽の造形

鈴木禎次（一八七〇〜一九四一）は、一八七〇年（明治三年）静岡の生まれで、東大（当時は帝国大学）卒であるが、名古屋高等工業（現・名古屋工大）建築科の最初の教授であり、一九〇六年の赴任から一九二一年の退官まで長く建築科長を務め、退官後名古屋に鈴木建築事務所を開いたので、その仕事は名古屋に多い。といいつつ、その仕事の跡は全国に散らばっている。鈴木禎次もまた、多少年代が遡るにもかかわらず、渡辺仁と並ぶきわめて多彩な造形の履歴を示している。現存作品も多い。その多彩さは、名古屋高等工業教授になる前の三年半ほどの欧米留学のお蔭でもあろうが、アール・デコとの関係で言えば、一九二五年に主としてデパート建築視察のためにアメリカへ出張した経験が大きいであろう。現に、彼の仕事には松坂屋の各支店などデパートが多い。名古屋の松坂屋本店は姿を変えたが、大阪支店（一九三四年、三七年増築）は高島屋東別館として健在で、それは前著でとりあげた。ついでながら、旧・横浜松坂屋本店（主として一九三四年、当初は野沢屋）の設計も鈴木禎次で、これは二〇〇九年に惜しくも取り壊されたが、一九三四年のファサードの一部は移設されて、常滑のＩＮＡＸライブミュージアムの野外展示場にその雄姿を見せている。

前著で旧・松坂屋大阪支店をとりあげたので、ここでは名古屋の揚輝荘の伴華楼（一九二九年、施工：竹中工務店、名古屋市指定文化財）、徳島の旧・高原ビル（一九三二年、現・国際東船場１１３ビル、施工：大林組、国の登録文化財）、ノリタケ本社（一九三七年、旧・日本陶器事務所、施工：大倉土木）の三つをとりあげる。揚輝荘は松坂屋の初代社長であった伊藤次郎左衛門祐民の別邸で、およそ一万坪という広大な敷地内に三十数棟の建物が設けられた。そのうちの一つが伴華楼（バンガローのもじり）で、尾張徳川家ゆかりの座敷に洋室部分を増築してできあがったものという。その洋風部分であるが、外観の柱形、腰壁、窓桟、煙突、内装の柱と梁など、バンガローの名にふさわしい野趣味あふれるものである。もちろん、アール・デコの造形は随所に見られるが、とりわけ石張りの柱形の柱礎と内装の漆喰塗りの梁下端部の造形が興味深い。ついでながら、揚輝荘の迎賓館に相当するとされる聴松閣（一九三七年）もまた山荘風の風趣に富んだ建物であるが、その内装はアール・デコ的な奇想で満杯。柱・梁のみならず板張りの腰壁まで手斧はつりのような斜めの線が縦横に施されているし、中国風アール・デコもたくさん見られる。これを設計したのは竹中工務店の小林三造とされるが、小林は一九一八年に名古屋高等工業を卒業しており、もちろん鈴木禎次の教えを受けている。

先にできていた師の伴華楼の向こうを張って、さらなる野趣奇想を盛り込んだのであろうか。

徳島の旧・高原ビル（一九二九年）は、もとは石油と食用油を販売していた高原商店のビルで、一時は銀行として使われてもいたようであるが、現在は国際東船場113ビルとなり、一部が「新町川文化ギャラリー」として公開されている。スクラッチタイル張り、一部石張り、二階建て（一部三階）の中規模の瀟洒なオフィスビルで、円窓と階段室の柱形などにアール・デコの造形が見られる。徳島大空襲にも耐えた稀少な生き残りで、よくぞ残された。国の登録文化財であり、とくしま市民遺産でもある。

ノリタケ本社（一九三七年）は、鈴木禎次の仕事としては最もモダンなもので、彼の晩年の仕事に属する。シンプルで大規模なオフィスビルではあるが、玄関入り口の扉や窓のグリル、玄関ホールの天井灯の中心飾りに熟練のアール・デコの造形が見られる。

余談めいたものになるが、鈴木禎次夫人と夏目漱石夫人は姉妹で、鈴木は漱石の義弟にあたる。それで雑司ヶ谷の漱石の墓（一九一七年）を鈴木が設計している。それは、雑司ヶ谷の通常の規模の墓よりも大きく、前面が斜めになって下方へと突き出しており、しかもその先端は凹面になって連続的に突出している。ここにもまた、後のアール・デコにつながるかもしれない強い造形意図の片鱗がうかがわれるのである。鈴木自身が亡くなったのは一九四一年（昭和十六年）で、漱石よりもずっと長生きした七十一年の生涯であった。

夏目漱石の墓　墓の前面の下部が曲面になって斜めに突き出している。両脇の石も頂部は曲面。

伴華楼、正面外観　ヴェランダの腰壁の笠石の側面には縦溝が細かく施されている。

伴華楼、外観細部　付柱の柱礎に張られた石。中央部分を残した菱形の刳り抜き装飾が見られる。

伴華楼、外観細部　柱身の装飾。両端に曲尺形の石が張られて凹凸を繰り返す。

伴華楼、内部　平たい四角錘形のネールヘッド風の装飾が随所に見られる。柱の角には円弧形の曲面の連続する繰形が施されている。

伴華楼、内部細部　アーチ形の梁の立ち上がり部分と下端に注目。前者は縦溝、後者は曲面が抉られている。

国際東船場113ビル(旧・高原ビル)、正面外観　外壁はスクラッチタイル張り、コーニスとメダリオン飾りは擬石張りか。

国際東船場113ビル、一部外観　階段室部分の外観。柱形に張ってあるのも擬石か。この擬石張りが輪郭を明確にしている。

国際東船場113ビル、外観細部　円窓。グリルも当初のものと見える。

ノリタケ本社（旧・日本陶器事務所）、全体外観　コーニスが突出していること、二階の窓の上框が一段沈められていることを除けば非常にシンプル。

ノリタケ本社、正面外観　ほとんど繰形がなく、きわめてシンプル。

ノリタケ本社、外観細部　入り口のドアの欄間窓。アール・デコのグリルがついている。

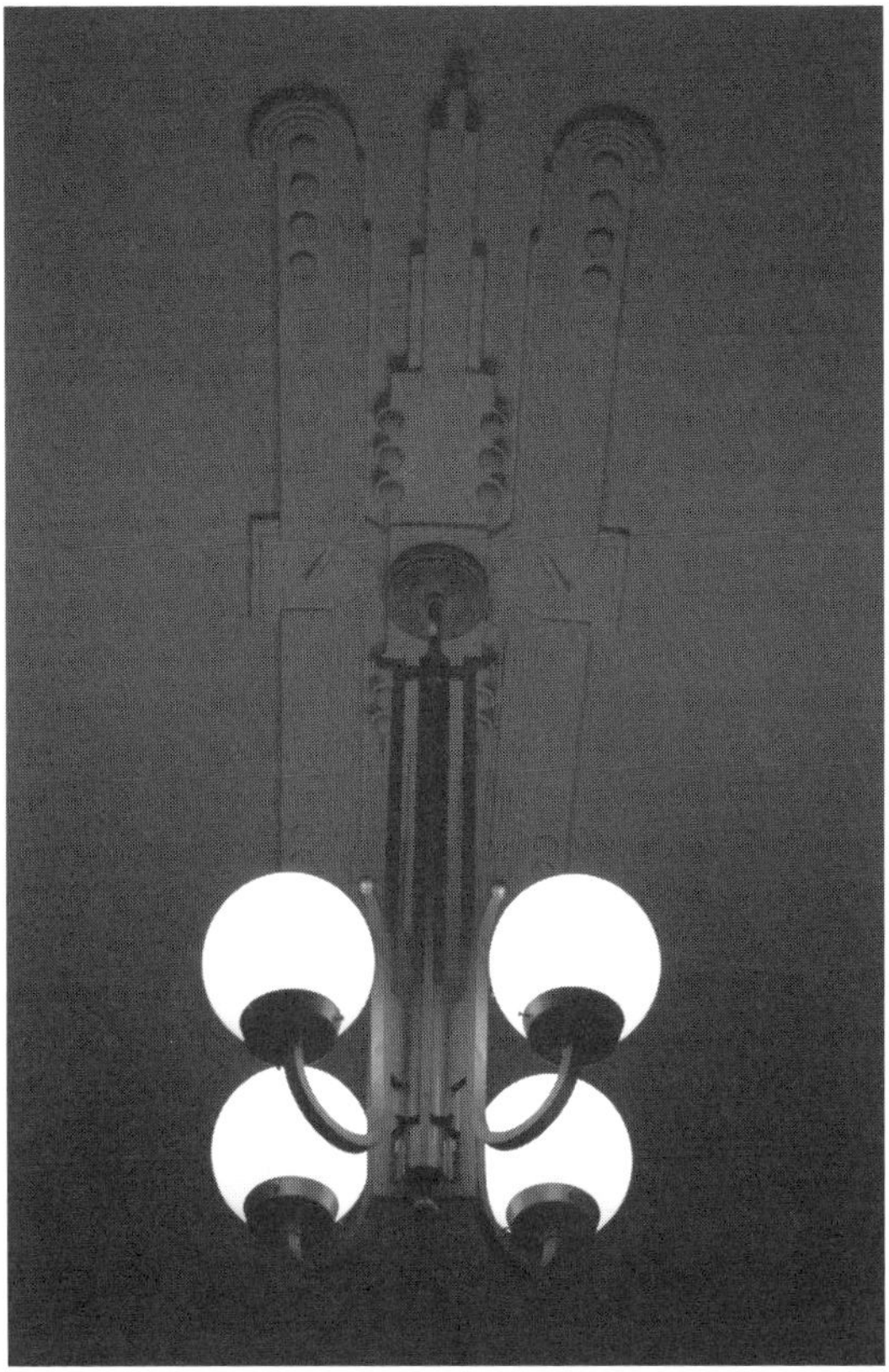

ノリタケ本社、内部細部　玄関ホールの天井灯の中心飾り。典型的なアール・デコ。

武田五一――造形を楽しむ

武田五一（一八七二～一九三八）は、一八七二年（明治五年）広島県福山の生まれで、東大を卒業。その二年後には東大助教授に就任、間もなくヨーロッパに留学。それが一九〇一年のことで、時あたかもアール・ヌーヴォーやセセッションが勃興していた時期であった。留学中に新設されたばかりの京都高等工芸学校（現・京都工繊大）の教授に就任。帰国後、京都高等工芸教授を務める傍らで京都府技師を兼任、古社寺の保存にも携わる。一九一八年に名古屋高等工業の校長に転任。この時、鈴木禎次はまだ同校の建築科長であった。東大の卒業は、鈴木が武田より一年早い。もっとも武田は名古屋高等工業校長になる三年前に博士の学位をとっていたが、鈴木にはそれがなかった。ついでながら、武田の渡欧中の京都高等工芸への転任人事の理由についてもいろいろ推測がされているが、これは予め決まっていたことらしい。そして一九二〇年、再び転任して京大建築学科の創設に関わり、同教授に就任、一九三二年の定年まで勤めている。

上記のように、武田の主たる肩書は終始高等教育機関の教官であるが、その傍らでたくさんの建物を設計している。建築家としての武田については、先述のように彼が二十世紀初頭のヨーロッパに留学したことで、アール・ヌーヴォーやセセッションなどその時期の新しいヨーロッパの現場の動きをいち早く実践した人として知られている。しかし、それのみにとどまらず、彼の造形の実践は非常に豊かで、多様な造形を駆使し、先述のように古社寺の保存修復にも関わり、まったく和風の住宅や寺院まで設計し、最晩年には関西電力京都支店（一九三七年、旧・京都電燈株式会社）といったきわめてモダンなオフィスビルを建てるに至っている。まったく行くとして可ならざるはなしである。武田は世紀初めの留学以外にも、いくどか洋行しており、おそらく同時代の欧米の動きをよく知っていたものと思われる。ここではもちろん彼のアール・デコの仕事に言及するのであるが、旧・京都大学建築学教室本館（一九二二年、施工：直営）、京都大学本館（一九二五年、施工：直営・清水組・山虎組）、京都市役所（一九二七年、施工：山虎組・松井組・松村組）、1928ビル（一九二八年、旧・大阪毎日新聞京都支局、施工：清水組、京都市登録有形文化財）を主にとりあげたいと思う。ただし、この中で文字通りアール・デコと言ってよいのは京都大学本館であるが、その他はすべてがアール・デコというわけではなく、少しずつアール・デコからずれているところもある。また京大の建物や京都市役所は設計チームによる仕事であり、どこまでが武田のものであるかが問題となるが、なにはともあれ、武田は早い時期からアール・デコ的な造形を実践していたのである。ちなみに、武田も関わったとされる山口県庁(一九一六年、現・山口県政資料館、国の重要文化財)にも、玄関入り口の左右の窓のサッシ、一部の天井飾り(雷文も見られる)、門柱などに早い時期のアール・デコが見られるし、ここにあげたのは関西電力京都支店を除いてすべて一九二〇年代のものであり、旧・京都大学建築学教室本館の竣工は一九二二年(大正十一年)である。

その旧・京都大学建築学教室本館(一九二二年、「旧」としているのは、桂キャンパスができて工学研究科が引っ越し、現在は建築学教室のものではなくなり、学内共用施設となっているから)。中央が丸く張り出しているのを除けば、全体として比較的シンプルではあるが、随所にアール・デコの造形が見られる。パラペットには二本もしくは三本の短冊形の突出部が見られるし、正面玄関の開口部の枠には雷文が見られ、開口部の柱形の柱頭にも独特の持送りの造形が見られる。それに外観を覆うタイルも、スパンドレルの部分は斜めに張ってあったり、要所要所に装飾タイルによる縦横および斜め方向の正方形模様が見られる。

そして、これをさらにアール・デコ的にしたのが京都大学本館(一九二五年)。装飾タイルの張り方は、建築学教室よりもさらに複雑になっている。さらに、ファサードの柱形の柱頭部からパラペット上端の横帯にかけて典型的なアール・デコの造形が見られるし、スパンドレルには二種類の凹面の溝彫りの連続が見られる。また、柱形の柱頭と同様な造形は玄関ホールの柱の柱頭にも見られる。

京都市役所（一九二七年）は、上の二つの京都大学の建物よりもずっと華やかで、様々なルーツを持つと思われる造形意匠が内外とも密に組み合わされている。とりわけ、二連もしくは三連のアーチを上部にもつバルコニーは圧巻。このバルコニーは中央の塔、中央部と左右の突出部、側面ファサードにも見られ、最大の見どころとなっている。1928ビル（一九二八年）は非常にユニークな細部の造形をもっている。星形の窓はあるし、星形平面で突出するバルコニーはあるし、円窓、半円アーチの帯模様、タレット（小塔）もある。いろいろなものがあるのだが、全体の印象を決定しているのは窓の横桟であろうし、これがこの建物をアール・デコたらしめているのである。

そしてまた、モダンとされる彼の晩年の仕事、関西電力京都支店（一九三七年）においても、そのタイルには四分の一の四角の窪みの模様があって、なんらかの装飾的造形への意欲は消えていないし、屋階の縦のスリットは当初からのものである。

武田五一の造形の仕事は融通無碍。なんでもあるし、千変万化。一つの主義にこりかたまって、それを押し付けてくるということがなく、いかめしくもない。造形を純粋に楽しんでいる感じがする。ちなみに、彼の珍しい名前「五一」は、五番目に生まれた子で長男だったかららしい。四人の姉に可愛がられてすくすくと屈託なく育ったのであろう。また彼は、いくつかの橋や街路の照明のデザインにも関わっており、大阪の地下鉄駅の造形にも関わっているようだ。現存の橋では、銀橋の愛称で知られる大阪の桜宮橋（一九三〇年）の煉瓦タイル張りの昇降口の塔屋、特にその上部隅の照明意匠と壁付灯がアール・デコの雰囲気を伝えている。また、大阪の地下鉄についても、いまも古い駅の照明などに彼のデザインが見られるかもしれない。大阪地下鉄の円にコの字が交わったロゴマークも彼のデザインという。一九三八年（昭和十三年）の没、六十五歳であった。

旧・京都大学建築学教室本館、正面外観　窓は大きく、柱・梁構造をはっきりと示しているが、パラペットに装飾的細部がある。

旧・京都大学建築学教室本館、一部外観　やわらかに丸く突出する正面中央上部。頂部に短冊形の装飾が見られ、タイル張りにも正方形の模様が見られる。

旧・京都大学建築学教室本館、外観細部　玄関ポーチの持送り。五つの曲面が連続する持送りの下端。柱頭装飾もユニーク。

旧・京都大学建築学教室本館、外観細部　玄関入り口周囲の装飾。重ねた正方形の装飾や球形をつなげた装飾、それに卍の曲折文様（メアンダー）も見られる。

京都大学本館、正面外観　塔屋よりも柱形の上部の装飾に視線が集まる。

京都大学本館、外観細部　玄関ポーチ。開口部の周囲とコーニスに濃密な装飾的テラコッタが張られている。腰壁には細かな縦線。

京都大学本館、外観細部　窓間壁（スパンドレル）の装飾。全体が曲面で、それが三段に分けられてさらに小さな曲面で構成されている。

京都大学本館、外観細部　ファサードの柱形の上部装飾。すべて直線の組み合わせでできている。

京都大学本館、外観細部　玄関ポーチの細部装飾。かなり複雑な装飾で、糸巻形のものが目立つ。八角形の柱頭の下部も隅が抉られている。

京都大学本館、内部詳細　玄関ホールの柱頭。これもまた手がこんでいる。

京都市役所、外観細部　塔屋。四周に取り付けられたバルコニーがきわめて濃密な装飾をもつ。

京都市役所、正面外観　中央と左右が前面に張り出した大規模公共建築によく見られるモニュメンタルなファサードであるが、中でも圧倒的な迫力をもつ中央部。

京都市役所、外観細部　正面中央部の頂部。塔屋のバルコニーがもっと大きくなって数も増えている。少しイスラム的な雰囲気もする。

京都市役所、内部　玄関ホール。柱の隅に密な横縞の装飾。これはバルコニーの柱のものと似ている。

京都市役所、内部詳細　玄関ホールの柱の隅の部分。梁の下端の繰形も断続的に施されている。

1928ビル(旧・大阪毎日新聞京都支局)、外観　様々な装飾をもっているが、窓の横桟が全体の印象を決定しているように見える。

1928ビル、外観細部　正面ファサードの真ん中に据えられた星形に突出するバルコニー。

桜宮橋、一部外観
煉瓦タイル張りの昇降口の塔屋と親柱。

桜宮橋、外観細部　昇降口の塔屋細部。照明器具と思われるフリーズ隅の装飾と壁付灯に注目。

関西電力京都支店(旧・京都電燈株式会社)、外観　壁はすっかりなくなったが、屋階的な表現は残り、塔屋も当初のもの。

関西電力京都支店、外観細部　タイルに山形の装飾が見られる。

木下益治郎——タイルの魔術

木下益治郎（一八七四～一九四四）の仕事も前著でとりあげた。神戸の神港ビルヂング（一九三九年）であるが、彼は一九三〇年代にたくさんの建物を設計しており、その中には全体はシンプルであるが典型的なアール・デコの細部、とりわけタイルの張り方によって驚くべき効果を生み出しているものが見られるのである。

木下は一八七四年（明治七年）、鳥取県の生まれで、工手学校（現・工学院大学）卒。逓信省等に勤めた後、東京海上火災に長い間勤め、一九三〇年に独立して木下建築事務所を設立。ここでとりあげる甲南病院（一九三四年、施工：竹中工務店）と馬車道大津ビル（一九三六年、旧・東京海上火災横浜出張所、施工：大林組、横浜市認定歴史的建造物）もその独立後の仕事である。

神港ビルヂングは川崎造船所の系列会社、川崎汽船の本社ビルであったが、川崎造船所の社長を務め、政治家でもあった平生釟三郎がつくった病院が甲南病院である。平生はかつて東京海上火災の専務を務めていたことで、木下とはつながりがあった。川崎造船が設けた病院、川崎病院（一九三五年）も木下の設計であったが、最近全面的に建て替えられ、当初のものは姿を消した。甲南病院（一九二八年）も川崎病院もよく似ており、病院建築であるからして当然シンプルな建物であるが、甲南病院のほうが少し柔らかい印象を与える。それは、川崎病院がモルタル塗り仕上げであったのに対して、甲南病院は全面にタイルが張ってあり、しかも隅は丸く仕上げられているからであろう。壁、腰壁、腰壁上段の見切り、壁の隅は、それぞれタイルの色や張り方が変えられている。とりわけ、玄関ポーチのタイルの張り方は丸く優雅になっており、天井灯と壁付灯のデザインと合わせてアール・デコの雰囲気を醸し出している。

馬車道大津ビル（一九三六年）は、もとは東京海上火災横浜出張所だったビルだが、規模は小さいシンプルなビルながら、そのタイルの張り方で異彩を放っている。この建物は角地にあるビルで、コーナーをカットした三面のファサード全面に同じベージュ色のタイルが張ってある。その張り方は単純一様ではなく、凹凸に合わせ、また部分の性質に合わせて様々に張られている。圧巻は最上部で、そこには矩形模様のタイルのみならず円形模様のタイルも使われ、複雑な組み合わせ模様が構成されており、その模様が基本的には平滑なファサードに、時に深い陰影をもたらしているのである。

木下は多磨霊園の木下家の墓（一九三八年）も設計しているが、その墓（正確には「祠堂」で、内部がある）もモダンなビルのように鉄筋コンクリート造でシンプル。ただし、さすがにタイル張りではなく、背後を除いて本石と人造石が張ってある。もっとも内部の床はタイル張りだという。ともあれ、彼の真骨頂は、シンプルな形に付け加えられたタイルなどの仕上げ材の精妙さにある。一九四四年（昭和十九年）の没、七十歳であった。

甲南病院、正面外観　全面がタイル張り。窓の上部は縦方向にタイルが張ってあり、3階中央の窓にはタイルによって枠組が施してある。また、タイルで水平の区画もつくっている。

甲南病院、外観細部　玄関ポーチ。すべて角が丸くなっている。

甲南病院、外観細部　玄関入り口。丸く張られたタイルの真ん中に壁付灯。

馬車道大津ビル(旧・東京海上火災横浜出張所)、外観　コーナーが大きくカットされていて、三つの面がファサードをつくっている。

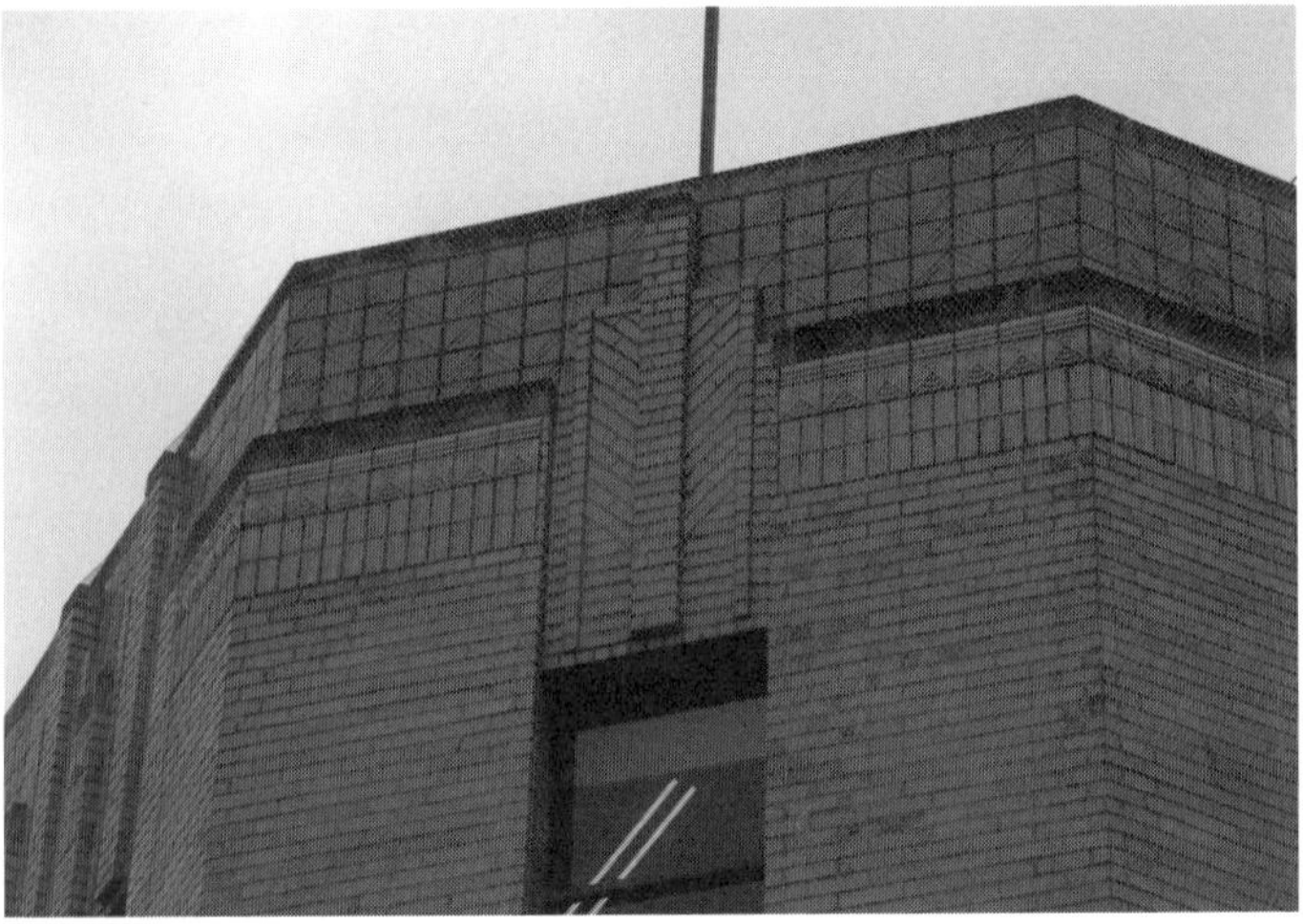

馬車道大津ビル、外観細部　コーナーの部分の頂部。同色だが様々な形のタイルが張られ、中心部は一種のエンブレムのような形になっている。

馬車道大津ビル、外観細部　タイルだけで複雑な陰影を生み出している。

国枝博——古典を素材とした濃密なアール・デコ

国枝博（一八七九〜一九四三）のみずほ銀行大分支店（一九三二年、旧・大分県農工銀行）も前著でとりあげた。実はこれが彼の最もアール・デコ的な仕事であって、これで事が足りている気もしないでもないが、前著で「解体」とはやとちりして書いてしまった旧・八木通商（一九二九年、元・大阪農工銀行、施工：清水組）が、解体はされたが実際はファサード保存がされていて、軽率さを恥じるとともにその保存を称えることもあって、ここに再登場願ったわけである。したがって、ここにとりあげるのは、くだんの旧・八木通商に加えて、みずほ銀行徳島支店（一九二九年、旧・阿波農工銀行、施工：竹中工務店）と淡路信用金庫本町支店（一九三五年、旧・兵庫県農工銀行洲本支店、施工：清水組）、それに松江にあるごうぎんカラコロ美術館（一九二六年、旧・八束銀行本店、施工：鴻池組、国の登録文化財）と滋賀県庁旧本館（一九三九年、施工：大林組、国の登録文化財）である。

国枝は一八七九年（明治十二年）の生まれで、出生地については二説ある。『日本建築士』（第三三巻第四号）と『建築と社会』（一九四三年九月）が、それぞれ国枝の訃報と略歴を掲載しているが、前者は大阪府南河内郡大草村とし、後者は岐阜県としている。岐阜県にも関わりがあるのであろうが、前者は略歴に五頁を費やし、後者は半頁しか割いていないので、前者に則って大阪府生まれとしておきたい。東大の卒業で、朝鮮総督府などに勤めた後、一九一九年に設計事務所である国枝工務所を開設。朝鮮総督府にいた際に、総督府庁舎の設計に東大同期の岩井長三郎課長の下で主任技師として関わっているが、その竣工を見ずに富士岡重一と交替している。事務所開設後の二十年ほどが彼自身の建築家としての履歴である。一九一二年に欧米に出張している。亡くなったのは一九四三（昭和十八年）、享年六十四であった。

大分、大阪、徳島、兵庫洲本の各農工銀行を設計していることで知られる通り、彼の仕事は農工銀行のものが多い。農工銀行は日本勧業銀行を補佐する形で各県に設けられた国策的金融機関で、後に多くは日本勧業銀行と合併しており、それでいまはみずほ銀行の支店となっているものが多い。その大阪本店（一九二九年、旧・八木通商）は、国枝は既存の建物を改築したようだが、ファサードは彼の仕事と言ってよいだろう。その開口部周りには蠢くような非常に濃厚、濃密な細部が見られる。また、曲折模様（メアンダー）の施されたコーニスや、入り口上部のイスラムのドームに見られるムカルナス（スタラクタイト）のような折り紙細工的装飾も濃密である。いまのファサードは復原ではなく、オリジナルのものを曳家して保存したという。旧・阿波農工銀行（一九二九年、現・みずほ銀行徳島支店）の外観は基本的にはクラシックであるが、そのコーニスの持送りは伝統的な刳形をもたず、まったく単純な矩形の突出。そして内部には、クラシックとアール・デコの独特の混合が見られる。旧・兵庫県農工銀行洲本支店（一九三五年、現・淡路信用金庫本町支店）もやはりクラシックであるが、内部の梁のエッジにも稠密な装飾が見られるし、窓のグリルの造形はアール・デコである。

松江にある旧・八束銀行本店（一九二六年）は、現在「ごうぎんカラコロ美術館」として使われており、国の登録文化財ともなっている。「ごうぎん」というのは山陰合同銀行の愛称で、八束銀行は後にこの山陰合同銀行に吸収されたわけである。また「カラコロ」というのは、下駄の音をそう表現した小泉八雲にちなんで「カラコロ工房」と名付けられた隣の旧・日銀松江支店（一九三八年、長野宇平治設計）と連携したものである。この旧・八束銀行本店の建物の意匠は概ねクラシックではあるが、柱身の上部にグラフ用紙のように単純な四角形を組み合わせた装飾を施し、腰壁上部のコーニスにも大胆に簡略化した曲折文様（雷文、メアンダー）を用いており、アール・デコの雰囲気を醸し出している。とりわけ、内部の階段の親柱はアール・デコ的。ついでながら、国枝博とはなんの関係もないが、旧・八束銀行本店からそれほど遠くない松江市東本町にある旧・トラヤ紳士服店（一九三二年、現在は倉庫として用いられている模様）は、木造二階建てながらアール・デコの商店建築の傑作。一、二階を貫いて設けられた広大なガラス窓は感動的である。

滋賀県庁旧本館(一九三九年)も基本的にはクラシックであり、古典的要素を色濃くとどめているが、玄関ポーチのオーダー柱とその上のエンタブレチュアの装飾は大胆に簡略化され、アール・デコ的な造形を示している。同様な造形は、内部の天井廻縁の装飾にも見られる。この仕事は佐藤功一との共同で、彼自身の独自性が縦横に発揮できなかった可能性もあるが、彼の造形の基本はおそらくクラシックであろう。ただ、彼はそれに収めきれない迸るような激しい造形的意欲を持っており、その意欲の現われがアール・デコの造形だったということになる。

ごうぎんカラコロ美術館(旧・八束銀行本店)、外観　大オーダーの柱をもつ基本的にはクラシックな銀行建築。

ごうぎんカラコロ美術館、外観細部　トスカナ風の柱頭であるが、柱身の上部にまったく幾何学的な四段の四角に溝が切ってある。

ごうぎんカラコロ美術館、外観細部　腰壁の上部の装飾。単純化された曲折文様。

ごうぎんカラコロ美術館、内部　階段の親柱。幾何学的でありながらシックな表面装飾。

旧・八木通商(元・大阪農工銀行)、外観　コーニス、二階の窓の周囲、入り口の周囲にきわめて濃厚な装飾が施されている。

旧・八木通商、外観細部　個々の形は歴史的なものに基づいている感じだが、コーニスの下端にジグザグ模様の横帯が見られる。

旧・八木通商、外観細部　コーニス下端のフリーズの装飾。イスラム建築特有の鍾乳石に似た天井飾りであるムカルナスのよう。

旧・八木通商、外観細部　側面入り口の周囲。曲折文様と円弧の組合わせ模様。

みずほ銀行徳島支店（旧・阿波農工銀行）、正面外観　クラシックな銀行建築で、オーダー柱はエンタシスもフルーティングも備えている。

みずほ銀行徳島支店、外観細部　クラシックな外観にも関わらず、このコーニスは複雑な繰形を持たず、まったく単純に矩形で突き出している。

みずほ銀行徳島支店、内部　内部の天井も何段にも折り上げて濃密な装飾を施している。

淡路信用金庫本町支店(旧・兵庫県農工銀行洲本支店)、外観　かなり簡略化されたクラシック。ただし、もう一方のファサード(アーケードのある商店街側でこちらが正面だが写真が撮りにくい)には、イオニア式のオーダー柱がある。

淡路信用金庫本町支店、外観細部　アール・デコの窓のグリル。

淡路信用金庫本町支店、内部　天井の繰形は幾何学的。

滋賀県庁旧本館、正面外観　基本的にはクラシックであるが、曲面のある複雑な繰形がなく、かなりシンプル。

滋賀県庁旧本館、内部　天井の廻縁にはトリグリフ（三条痕）のような装飾が見られる。

ウィリアム・メレル・ヴォーリズ——暖かい装飾的細部

ヴォーリズ(一八八〇〜一九六四)設計の建物も前著で二つとりあげた。心斎橋・大丸(一九三三年)と山の上ホテル(一九三七年)である。ヴォーリズと彼が主催した建築事務所は膨大な数の建物を設計しているので、その他にもアール・デコの建物はいくつかあるのだが、ここでは豊郷《とよさと》小学校旧校舎(一九三七年、施工:竹中工務店、国の登録文化財)と八幡商業学校本館(一九四〇年、現・八幡商業高校、施工:地元安土の業者)をとりあげたい。

ヴォーリズは、一八八〇年米国はカンザス州レヴンワースの生まれで、一九〇五年に英語教師として近江八幡に来る。彼の活動の母体はYMCAであるから、英語のみならずキリスト教精神に基づく西洋文明全般を日本に伝えることであったろう。そのうちの一つが建築設計活動であったわけだが、今日では、彼は建築家として最もよく知られている。進学したコロラド大学における彼の専攻は哲学のようで、彼は建築を専門的には教わっていない。にもかかわらず、彼が建築の設計活動を活発に行ったのは、建築が物質的な生活から美意識にいたるまでトータルに人々に影響を与え得るからであろうが、彼自身、早くから建築に関心を抱いていたからでもあろう。建築の専門的な教育を受けていない「素人」建築家という時に見られる彼の評は、まったく当たらない。専門的な建築を受けていない近代の建築家の大家はたくさんいるし、そもそも住まう空間をつくる行為は人間の原初的な活動であるし、煉瓦を積んだり、木材を組み合わせたりする誰にでもできることにこそ建築の原点があるのであるから。

ヴォーリズは来日間もない一九〇六年には近江八幡のYMCA会館の設計を始めており、一九〇八年には京都YMCAのために設計監督事務所を開設。この年が今日にいたる設計事務所の創立年とされている。そして、メンタームを売る会社でもあり、建築設計事務所でもあったヴォーリズ合名会社を設立したのが一九一〇年、その会社が二つに分かれて設計部門がヴォーリズ建築事務所となったのが一九二〇年。この会社はその後も名を変えながらも存続し、現在も一粒社ヴォーリズ建築事務所として活動を続けている。建築の専門教育を受けた人が早くからこの事務所に加わっているし、三十数人もいたというスタッフの数からすれば、ヴォーリズ一人の名前でその仕事を語るのは難しいかもしれない。実際、戦前だけで千五百にものぼるという膨大な数の設計作品は多様である。しかし、それらにはなにかしら共通するものがあり、それをヴォーリズ的ということは許されるであろう。

それでは、ヴォーリズ的の底辺にあるのはなんであろうか。まず、ヴォーリズは建築の高等教育を受けていないこともあって、幸か不幸かモダニズムのイデオロギーやいたずらに厳格な様式主義に影響されることがなかった。彼にとって、建物は単に健康で快適な生活を営む場を与えるだけのものであり、新しさを競う場でもなければ、なんらかの主張を表現する場でもなかった。古かろうがルーツが何であろうが、彼が快適で文化的だと信じたスタイルをそのまま使った。その一つがアメリカのコロニアル・リヴァイヴァルのスタイルであり、スパニッシュ・スタイルであった。機能が優先される大規模な建物には、もちろん鉄筋コンクリート造を使用しており、それに合うアール・デコも取り入れた。それが、前著でとりあげた二つと、今回の二つというわけである。彼の仕事は、粋がったところがないから、素直に馴染むことができ、なによりも暖かい。一九一九年に日本人女性と結婚し、一九四一年に日本に帰化し、一九六四年(昭和三九年)に日本で亡くなった。八十四歳であった。

豊郷小学校(一九三七年)は滋賀県豊郷町立の小学校であり、二〇〇四年に同じ敷地内に新校舎が建てられたが、旧校舎も改修保存され、いまは国の登録文化財となっている。旧校舎は堂々としたかなり長い幅の二階建ての校舎で、運動場側のファサードは非常にシンプルでモダンであるが、正面側ファサードの中央部分と左右端部には柱形が見られ、上部には菱形の装飾を施した横帯が見られ、玄関開口部の周囲にはタイルが張ってある。玄関の天井灯や壁付灯のデザインも典型的なアール・デコ。内部階段の手摺りの開口部につけられたグリルもアール・

デコ。それに手摺りの上部に置かれたウサギとカメの像もアール・デコとは関係ないがユーモラスで、基本的にはシンプルな意匠に潤いを与えている。

滋賀県立八幡商業高校本館(一九三八年)も三階建てのシンプルな建物で、ヴォーリズの仕事の中では最もシンプルなものに属する。しかし、正面中央だけがタイル張りになっており、そこに数本の柱形が垂直に通っている。玄関入り口の左右の明り取りの窓は文句なしのアール・デコ。内部もシンプルではあるが、梁端部のモールディングなど、豊郷小学校よりも少しクラシック。

豊郷小学校、正面側外観　中央と左右が突き出した堂々たる外観だが、基本的にはシンプル。

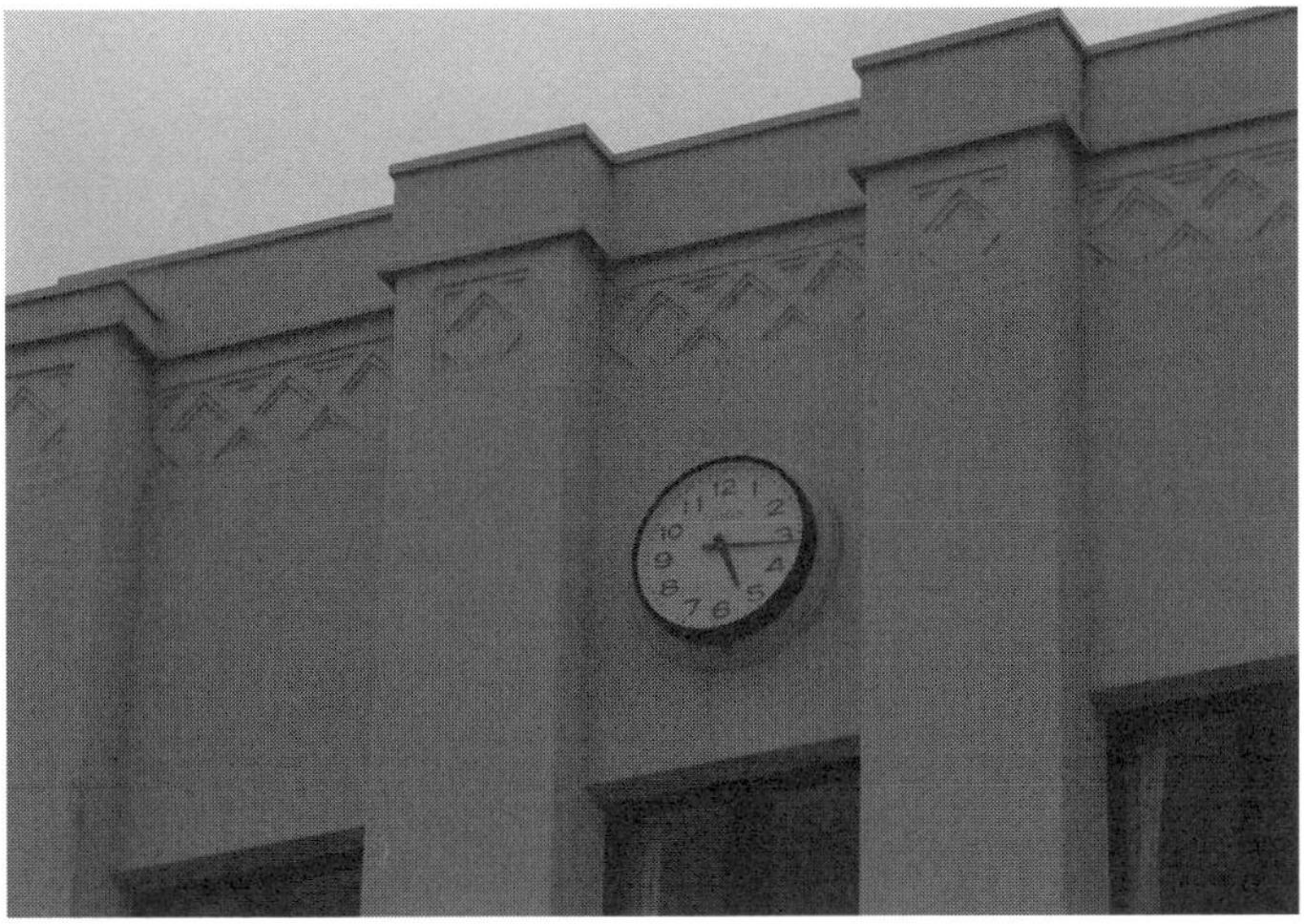

豊郷小学校、外観細部　中央部上部。三本の柱形があり、コーニス下端には連続矩形の装飾が見られる。

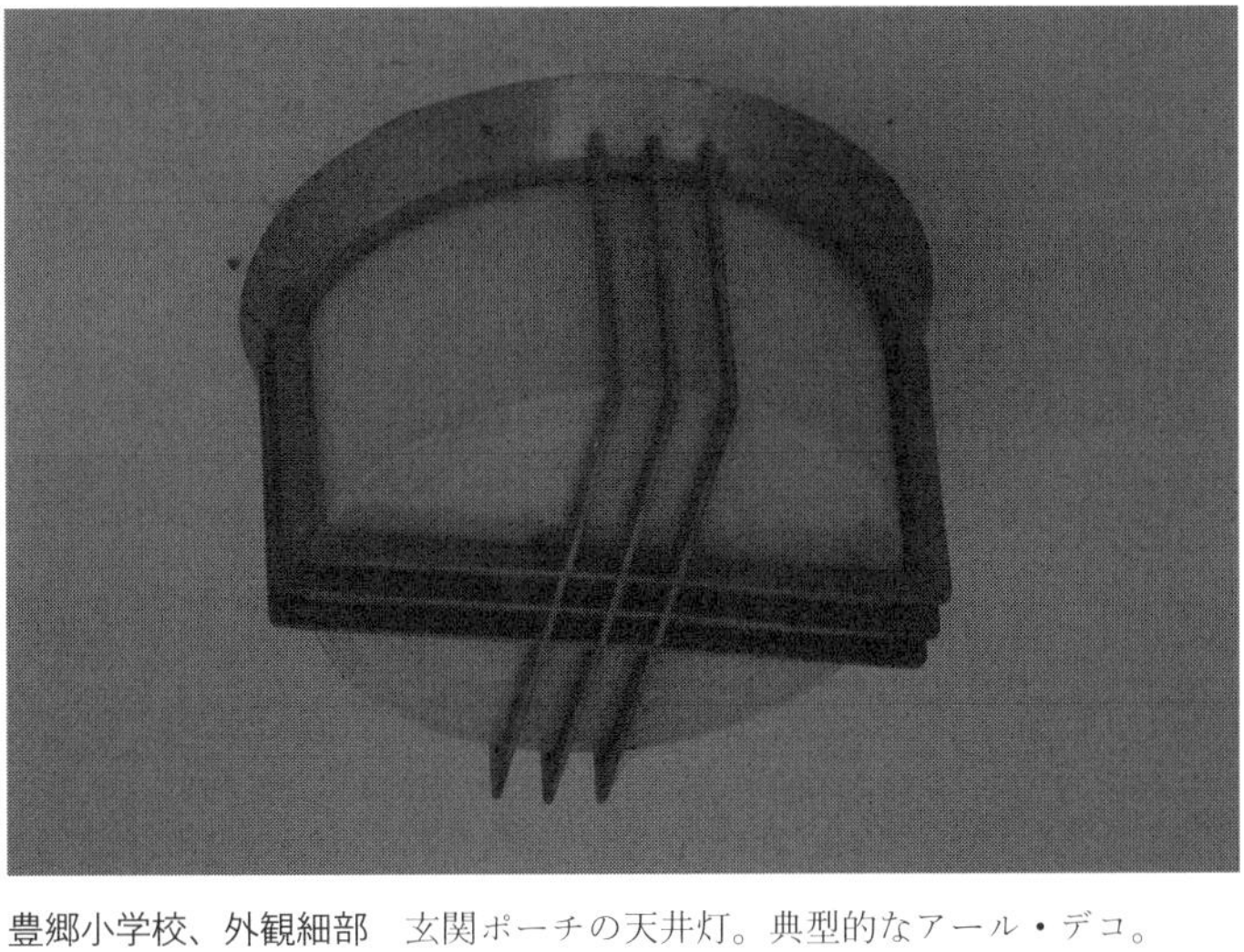

豊郷小学校、外観細部　玄関ポーチの天井灯。典型的なアール・デコ。

豊郷小学校、内部　階段室。親柱の上や手摺の中間にウサギとカメの置物がある。

豊郷小学校、内部詳細　階段の手摺のグリル。正方形と円弧。

滋賀県立八幡商業高校本館、外観の一部　中央部分の外観。玄関ポーチの上部に柱形が立ち上がっている。

滋賀県立八幡商業高校本館、正面外観　シンプルな外観であるが、中央部分に柱形があり、タイルが張ってある。

滋賀県立八幡商業高校本館、外観細部　玄関ポーチの左右の明り取りの窓。

中村順平——ボザール流アール・デコ

中村順平（一八八七〜一九七七）の仕事も、前著でレリーフを五つとりあげたが、それはすべて戦後の作品であった。彼の戦前の仕事は、主として大型客船の船内設計であったが、それらもすべて失われ、彼の戦前の仕事は図面とスケッチと写真でしか知りようがない。しかし、唯一、実作が残されているのが、「名教自然」碑（一九三七年、当初施工：大日本銘石商会、国の登録文化財）である。これは石製の記念碑であって建物ではないが、ボザールの建築の最初の卒業生としてフランスのアール・デコを実感してきたであろう彼の名を、『日本のアール・デコの建築家』と題した本に欠かせないと思うので、少し思い入れが強すぎるかもしれないが、ここにとりあげておきたい。

実は、中村順平が設計に関わった現存建物は、いくつか知られている。前橋の敷島公園の陸上競技場（一九五一年）、前橋八幡宮（一九五四年）、東京の巌正寺（一九六〇年）がそれである。前橋の陸上競技場のスタンドのゲートや、巌正寺の鐘楼の斜めに立つ柱に中村順平の手の跡を少し感じられなくもないが、いずれも戦後のものであり、どれも彼の役割は基本設計もしくは原案のようなレベルにとどまっているから、厳密に言えば彼の仕事とはいえないであろう。現に、前橋八幡宮は中村の横浜高等工業教授時代の教え子、青木榮の作品、厳正寺もやはり横浜高等工業教授時代の教え子、吉原正の作品として知られており、中村は「基本構想」もしくは「基本設計」のみをしたことになっている。それから、細かなことになるが、旧・横浜商工奨励館（現・横浜情報文化センター）の正面ファサードの中央にある創建時は円弧形であったバルコニーの上部のペディメントを、今日のように直線形にしたのが中村だとされている。一九五〇年ころのことと思われるが、これもはっきりしない。

中村順平は一八八七年（明治二十年）、大阪市の生まれで、名古屋高等工業卒。鈴木禎次の最初期の生徒ということになる。曾禰中條建築事務所勤務を経て、一九二〇年にフランスに留学。翌一九二一年六月にボザールの下級に入学。下級を一年で終えて、翌年上級に進級。そして一九二三年十一月に念願のディプロマを得て卒業、初めてD.P.L.G.（しばしば「フランス公認建築士」などと訳されるが、文字通りには国立の学校でディプロマつまり卒業証書を得たことを示すにすぎない。ほかにディプロマを与え得る私立の学校はいくつかあったし、建築家としてやっていく上でD.P.L.G.でなければならないことはまったくなかった）を得た日本人となる。中村は三十三歳でボザールに入学しており（年齢制限は三十歳であったが、第一次世界大戦の戦役を考慮して当時は一応三十五歳まで引き上げられていた）、しかも二年半という短期間で卒業している。もちろん、これは彼の人並み外れた才能と努力によるものであるが、中村のボザール入学・卒業に関しては、フランス人の日本大使と日本人のフランス大使の要望書が中村のボザール在学時の成績表とともにボザールに保管されている。フランス人の日本大使の書簡では、その書簡が黒田清輝の要請によるものであり、中村の留学が日本政府の支援下にあるという風に書かれている。帰国後ほどなくして新設の横浜高等工業の教授として赴任。以降は、主として独特の理念と方法をもった建築教育者として知られるようになる。

さて、「名教自然」碑（一九三七年）であるが、これは当初は横浜高等工業学校（現・横浜国立大学理工学部）本館の正面にあったが、その建物が横浜国立大学教育学部付属横浜中学校となる際に、統合なった横浜国立大学の保土ヶ谷キャンパスに移設されている。「名教自然」の名は横浜高等工業初代校長、鈴木達治の教育理念に基づいたもので、表面の「名教自然」は鈴木達治本人の書、裏面の鈴木を称える文章は徳富蘇峰の文を原三渓が書いたものによる。これは、オベリスクのような四角錘の白い一本石を左右と背後から別の三つの石で挟み込んだもので、一本石の上端は尖っておらず片流れの斜面。このモニュメントには曲面がなく、平面だけでできている。また表面は基本的には磨いてあるが、どの石も上端は磨いておらずラフのままで、アール・デコのギクシャクとした形とザラザラとしたテクスチュアの基本にかなっている。

中村順平はフランス留学後は常にアール・デコの造形を体現してきた。一九二〇年代初頭のフランスのアール・デコをそのまま持ち帰り、その後も雑誌等でそれを補強し、さらに日本風の造形を加味するというのが彼の流儀であり、それは戦後も変わることはなかった。造形家としての中村順平は終始アール・デコの人であったといってよい。亡くなったのは一九七七年(昭和五二年)、九十の長寿を全うした。なお、中村の描いた図面など、中村に関する主要な資料は現在、彼の郷里大阪の大阪歴史博物館にある。

「名教自然」碑　碑自体は垂直に立っているが、前面にテーパー（勾配）があって斜めになっている。

「名教自然」碑　背後から見たところ。天端は磨いておらず、ザラザラしている。

遠藤新——ライト風アール・デコの果敢な実践

遠藤新（一八八九～一九五一）の仕事も前著で武庫川女子大学甲子園会館（一九三〇年、旧・甲子園ホテル）をとりあげた。ライトの作品としてとりあげた淀川製鋼所迎賓館（一九二四年、旧・山邑邸）と自由学園明日館（一九二五年）も、半ばは彼の仕事と言えるかもしれないから、彼の仕事はすでに三つもとりあげたことになる。ライト風アール・デコの使徒はかなりいるが、やはり遠藤が群を抜いており、彼らの代表としてここにとりあげることにしたい。現存作品も多く、さらになにをとりあげるか迷うが、彼の晩年に近いよりシンプルなものにしようと思う。ライト的なものから離れつつも、基本的にはアール・デコを保持していることを示すためである。

遠藤新は一八八九年（明治二二年）、福島県相馬郡の生まれで、東大卒。卒業後しばらく明治神宮造営局に勤めているが、ほどなくライトの下で帝国ホテルの設計に従事。その仕事のために渡米して一年半ほどタリアセンの設計工房にいた。五年ほど帝国ホテルの設計に関わり、その後一九二二年に、遠藤新建築創作所（当初は帝国ホテル設計の同僚、南信と二人で開いたので遠藤南建築創作所という名前だったともされる）という設計事務所を開いて自立。一九三三年からは満州でも仕事をしており、日満を往復していたという。亡くなったのは一九五一年（昭和二六年）、戦後発病した心臓病を抱えてなお多くの仕事をこなしつつあった六十二歳であった。

たいていの民間の設計事務所の仕事は住宅が多いが、彼もたくさんの住宅を設計しており、しかもかなりの数が現存している。しかし、個人の住宅は容易には中を見られない。幸いなことに旧・近藤邸（一九二五年、当初施工：女良正吉、国の登録文化財）は藤沢市の所有するところとなって移築され、現在「すかいはーと」という喫茶店として使われ、内部も自由に見学できる。典型的なライト式遠藤新風の住宅であるが、びっくりしたのは襖の引手の模様。そこには三つの正方形が描かれているのだが、その正方形がひょっとしてライトのタリアセン建築協会のロゴマーク（雷文やグリーク・フレットに似ている）と思いきや、日本の文様「三つ盛り雷」に似たものであった。遠藤新もそこまではライト信徒でなかったことに安心するとともに、ライトと同様に襖の引手にいたるまですべてをデザインしていることに感銘を受けた。もう一つ、自由学園明日館の講堂（一九二七年、施工：女良工務店、本館とともに国の重要文化財）は、本館とちがって遠藤独自の設計で建てられたものであるが、当然ながらライト式。

そこで、ここでは彼の晩年に近い二つの作品をとりあげよう。真岡《もおか》小学校講堂（一九三八年、現・真岡市久保講堂、施工：東京の棟梁、木村伯奄と地元の大工、国の登録文化財）と目白ヶ丘教会（一九五〇年、施工：河野建設、国の登録文化財）である。真岡小学校講堂は市の図書館のそばに移築され、ホールとして活用されているようだが、どちらかといえば簡素で、和風と洋風が混ぜあわされたような不思議な講堂である。しかし、二つの望楼が印象的で、外側からは見えにくい屋根側の窓に、しっかりと菱形の窓があり、彼のアール・デコ精神の健在であることを思い知らせてくれる。目白ヶ丘教会もシンプルな教会である。そこには、ライトなら決して使わないような伝統的な尖頭アーチが使われており、彼も戦後になって遂にライトから脱したかとも思わせるが、しかし庇の端部には妻側も平側もすべて大谷石が張ってある。また両方の妻側に開けられたステンドグラスのデザインは、やはりアール・デコそのものなのである。

旧・近藤邸、正面外観　一応、下見板張りだが、水平線が異様に強調されている。

旧・近藤邸、内部　窓の桟割りが独特。一部はガラスではなく、板が入っている。

旧・近藤邸、内部詳細　菱形の窓。和室に設けられており、左手前に床の間があるから、付け書院のような働きをしている。

旧・近藤邸、内部詳細　襖の引手。入子枡の模様が三つ組み合わされている。

自由学園明日館講堂、外観　シンプルであるが、水平線が強調されている。

自由学園明日館講堂、入り口の照明器具　ライト流のデザインで、同様なものが本館にも見られる。

自由学園明日館講堂、内部　窓のサッシがライト流で独特。

真岡市久保講堂(旧・真岡小学校講堂)、外観　二つの塔屋が独特の雰囲気を加えている。

真岡市久保講堂、正面外観　妻側の窓は大きいが、一部に縦羽目の外壁も見られ、和風の建物の感じもする。

真岡市久保講堂、外観細部　塔屋の屋根側に菱形の窓が見られる。

目白ケ丘教会、外観　妻側の円形のステンドグラスはアール・デコ、鐘塔は一応ゴシック風。

目白ケ丘教会、外観細部　側面の軒下に大谷石(下端に繰形)が張ってある。

目白ケ丘教会、内部　妻側のアーチは尖頭アーチでゴシック風。ステンドグラスの鉛線(ケイム)にも太い物と細い物があり、様々に使い分けられている。

本間乙彦——無頼派のアール・デコ

本間乙彦（一八九二〜一九三七）のユニークな仕事、芝川ビル（一九二七年、国の登録文化財）も、前著でとりあげた。彼は若くして亡くなっているので、残した仕事も多くないのだが、直情径行というべきか破滅的というべきか、老獪さを欠いているところがまた魅力的で、ここに彼を再度とりあげる次第である。作品に言及するのも小川ビル（一九三〇年、施工：竹中工務店、国の登録文化財）と旧・大西邸（一九三三年、現「レストハウスまきば」、施工：あめりか屋か）のみである。

本間は一八九二年（明治二五年）、兵庫県龍野町（現・龍野市）に本間弟彦として生まれ、一時期養子縁組で稲田弟彦を名乗っているが、建築家としては本間乙彦として知られている。弟彦を乙彦に変えたのも彼自身で、いわばペンネーム。東京高等工業（現・東京工業大学）の卒業で、東京と函館を中心に活動した設計・施工会社、木田組に勤めたり、大阪市立都島工業学校（現・大阪市立都島工業高校）に勤めたりした後、一九二九年に大阪で設計事務所「本間建築相談所」を開設。かたわら、あめりか屋が設けた住宅改良会が発行する月刊雑誌『住宅』が一九三一年に東京から大阪へと編集が移った際に編集主幹となり、その雑誌に毎号、自らの作品やエッセイやスケッチを掲載している。そのスケッチ等を見ていると、永遠のロマンチストという陳腐な形容を思い浮かべざるを得ない。一九三五年六月に編集主幹を東京高等工業の後輩、小林清に譲った後も時に記事を掲載していたが、一九三七年からはぷっつりと発表が途絶え、その年の八月に「深く愛した酒の爲め胃潰瘍」(西村辰次郎・他「追憶」『住宅』一九三七年十月号所収。ついでながらこの追悼記事は、どれもあまり哀悼の意が感じられず、少し義憤にかられる)で亡くなっている。享年わずかに四十五。

さて、小川ビル(一九三〇年)であるが、これはどちらかといえばシンプルで、「古代の中米に怪奇な輝を見せてゐたマヤ及インカの藝術から暗示されたものを加へた」(「芝川ビルディング新築工事概要」『建築と社会』一九二八年一月号所収)という芝川ビルほど派手でも目立ってもいないが、窓を横切って通る丸い円筒タイルで縁どりされたコーニスは、眉をしかめたような意味ありげな表情を醸し出しているし、欄間窓のステンドグラスや壁付灯、それにドアのグリルなどに八角形のモチーフが繰り返されており、決して単純にシンプルではないのである。

旧・大西邸(一九三三年)は、明石天王山農場を営んでいた牧場主の住宅と事務所を兼ねたもので、現在はレストラン「レストハウスまきば」として用いられている。本間はこれを住宅改良会のスタッフとして設計しており、あめりか屋が得意としていた山小屋風にしている。あまりアール・デコとは関係はないのであるが、吹き抜け部分の隅の飾りや、階段の踏み段の縁の木などに曲がった奇木をうまく使っており、その奇想を尊ぶ性向は、ここでも健在なのである。また、当初のものではないようだが、アール・デコ的感覚の壁付灯や天井灯が用いられている。

小川ビル、**正面外観**　日除けの庇であろうか、窓の上の方を横切る水平材が印象的。

小川ビル、外観の一部　建物のエッジ、窓の枠、庇の線が円筒形のテラコッタで強調されている。窓の隅は丸くなっている。

小川ビル、外観細部　入り口上部の八角形の欄間窓。左右の壁付灯も八角形。

小川ビル、外観細部　建物の左端部。柱形もわずかに曲面の仕上げとなっている。

旧・大西邸(現・レストハウスまきば)、外観　山小屋風。外壁は下見板張り。

旧・大西邸、内部　二階から吹抜け部分を見る。左隅の奇木の手摺りに注目。

旧・大西邸、内部詳細　鉈彫り風仕上げの木製照明器具。後補のものであろうが雰囲気にあう。

高橋貞太郎——細部に淫しないアール・デコ

高橋貞太郎（一八九二〜一九七〇）は、学士会館（一九二八年、施工：戸田組、国の登録文化財）、日本橋高島屋（一九三三年、施工：大林組、国の重要文化財）、川奈ホテル（一九三六年、施工：大倉土木、国の登録文化財）など、よく知られたアール・デコの大作を残している。チューダー・リヴァイヴァルのスタイルをもつ旧・前田家本邸（一九二九年、国の重要文化財）にも、暖炉のマントルピースなどの内装にアール・デコが見られる。にもかかわらず、これらの作品を前著にとりあげなかったのは、いずれの仕事も全体としてアール・デコに位置づけられるが、これぞアール・デコといった部分がなかったからである。彼の作品には多くの造形的細部が溢れているが、一つの方向に収斂させて統一的な雰囲気を醸し出しているとか、これが好きで入れ込んでつくっているとかといった形そのものに淫したところがない。あるいはそれは、共同設計者とかチームのスタッフのせいに帰せられることかもしれないが、本人が一つの主義・主張にあまりこだわらなかったためであることは確かであろう。

高橋貞太郎は一八九二年（明治二五年）、滋賀県彦根の生まれで、東大を「恩賜の銀時計」をもらって卒業。歴代の建築卒を合わせても岡田信一郎と並ぶ二人だけの銀時計組という秀才である。あるいは、それが彼の生涯に微妙に影響したか。卒業後、短期間民間会社に勤めた後、明治神宮造営局、宮内省内匠寮にそれぞれ三〜四年間ほど勤務、その後復興建築助成会社に入った後、一九三〇年に高橋建築事務所を開設しているが、事務所開設後も数年間は復興建築助成に席を置いていたらしい。稀代の秀才にとってはこの必ずしも恵まれているとは言い難いポスト遍歴が、しばしば大学の師、佐野利器との確執のせいに帰せられ、実際、建築学会の佐野追悼記事（『建築雑誌』一九五七年二月号所収）の中で、高橋は佐野の思い出談を微妙な形で記してもいる。この幸運ではなかった両者の交錯もまた、銀時計の秀才であるが故に生じたものかもしれない。

高橋のもう一つの幸運でもあり不運でもあったことは、帝国ホテルの実力者、犬丸徹三の引きを得たことである。そのお蔭で、各地の帝国ホテル関連の宿泊施設の設計の仕事を得たが、帝国ホテル自体の建て替えを果敢に実施した犬丸に従って、かのライトのホテルを取り壊して、自身の新本館（一九七〇年）を設計することになった。ライト館の取り壊しは、多くの人々の抗議するところとなり、一種の社会問題となり、犬丸のみならず高橋も少し非難されることとなった。高橋も、メンバーであった建築家協会が彼を強く非難したわけではないようだが、同協会を退会して、一応彼なりの筋を通している。そして、新本館の完成を見届けて、同じ年（一九七〇年）に亡くなっている。七十八歳であった。ついでながら、この年は万博の年であり、当然帝国ホテルの新本館のオープンもそれに合わせたものであった。犬丸もこの年に二十五年務めた社長を退いて相談役になっている。

興味深い経歴に魅かれ過ぎて履歴談が長くなりすぎたが、問題は彼のアール・デコである。学士会館と日本橋高島屋も共にコンペの当選作品であるから、彼が単なる秀才ではなく造形的な才能にも優れた人であったことがわかる。そして、この二つは実施設計も彼が担当している。ただし、前者は師、佐野利器と連名、後者は片岡安、前田健二郎らが共同している。学士会館の設計における佐野利器の役割であるが、通常、彼は専ら構造の人とされ、その造形的成果について語られることはほとんどないが、彼が設計に関わったとされる徳島県庁や、関わった可能性が高いとされる山梨県庁を考えると、彼の造形はアール・デコを基調としたものであることがわかる。これは、鉄筋コンクリート造になにがしかの装飾的細部、とりわけ幾何学的に単純化した細部を施せば概ねアール・デコになるということでもあるが、佐野の造形趣味もおそらくアール・デコ的なものであったことを意味するであろうし、学士会館の設計にも平面等に存外深く関わったかもしれない。ただし外観は、ほぼコンペ当選案の通りである。その学士会館（一九二八年）であるが、全体としてアール・デコではあるが、個々の細部のモチーフはクラシックである。もっとも、玄関広間の梁ハンチの下端のレリーフ、玄関から数段上がってホールに入る階段の石製手摺りに典型的なアール・デコが見られる。

日本橋高島屋（一九三三年）は日本生命館として竣工。当初から主として高島屋ではあったが、主たるオーナーは日本生命であり、その建物の一部に日本生命もオフィスを持っていたからである。これもまた、全体としてはアール・デコではあるが、個々のモチーフはクラシックもしくは日本風あるいは東洋風。斗栱や肘木や蟇股などのモチーフが内外に見られる。とりわけ、内部の柱の柱頭部分に見られる交差する梁の端部周辺の造形は印象的。それから、階段の手摺りのグリルは後補のものかもしれないが典型的なアール・デコ。川奈ホテル（一九三六年）も、外壁の矩形を組み合わせた形の窪みや、内部の照明器具などにアール・デコの造形が見られる。

学士会館、外観の一部　丸くなった隅の部分。最上階の窓は円形で、円形のバルコニーがついている。

学士会館、正面外観　一階は石張り、その他はスクラッチタイル張り。左側後方の建物は1937年の増築。

学士会館、内部詳細　玄関の階段。石の手摺り壁がアール・デコ調。

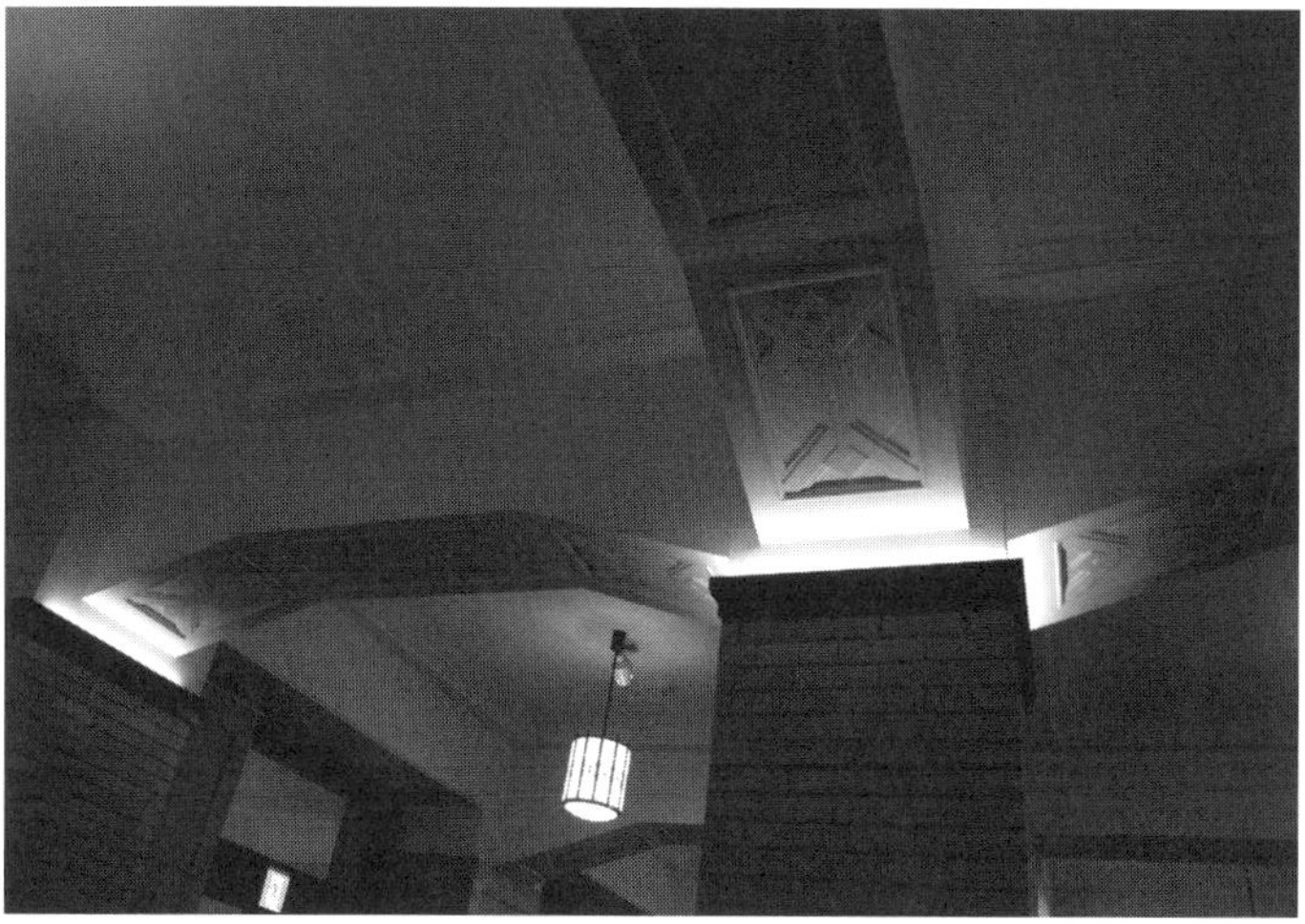

学士会館、内部詳細　玄関ホールの梁。下端の装飾が典型的なアール・デコ。

学士会館、内部　天井灯、天井のすぐ下にある左右の壁の照明も、アール・デコ調。

日本橋高島屋、外観　正面の中央の部分に和風もしくは東洋風の意匠が集中的に見られる。

日本橋高島屋、外観細部　骨格はクラシックであるが、蟇股や斗栱のモチーフも見られる。

日本橋高島屋、外観細部　虹梁もしくは格狭間を想起させる。

日本橋高島屋、内部詳細　柱の上の梁端部の東洋風で濃密な意匠。

日本橋高島屋、内部詳細　階段手摺りのグリル。オリジナルのデザインではないかもしれないが典型的なアール・デコ。

川奈ホテル、正面外観　比較的に簡素な外観のリゾートホテル。

川奈ホテル、内部　メインロビー。木製の大梁・小梁を見せてリゾートホテルの雰囲気を高めている。暖炉の上に大きなエンブレムが見られる。

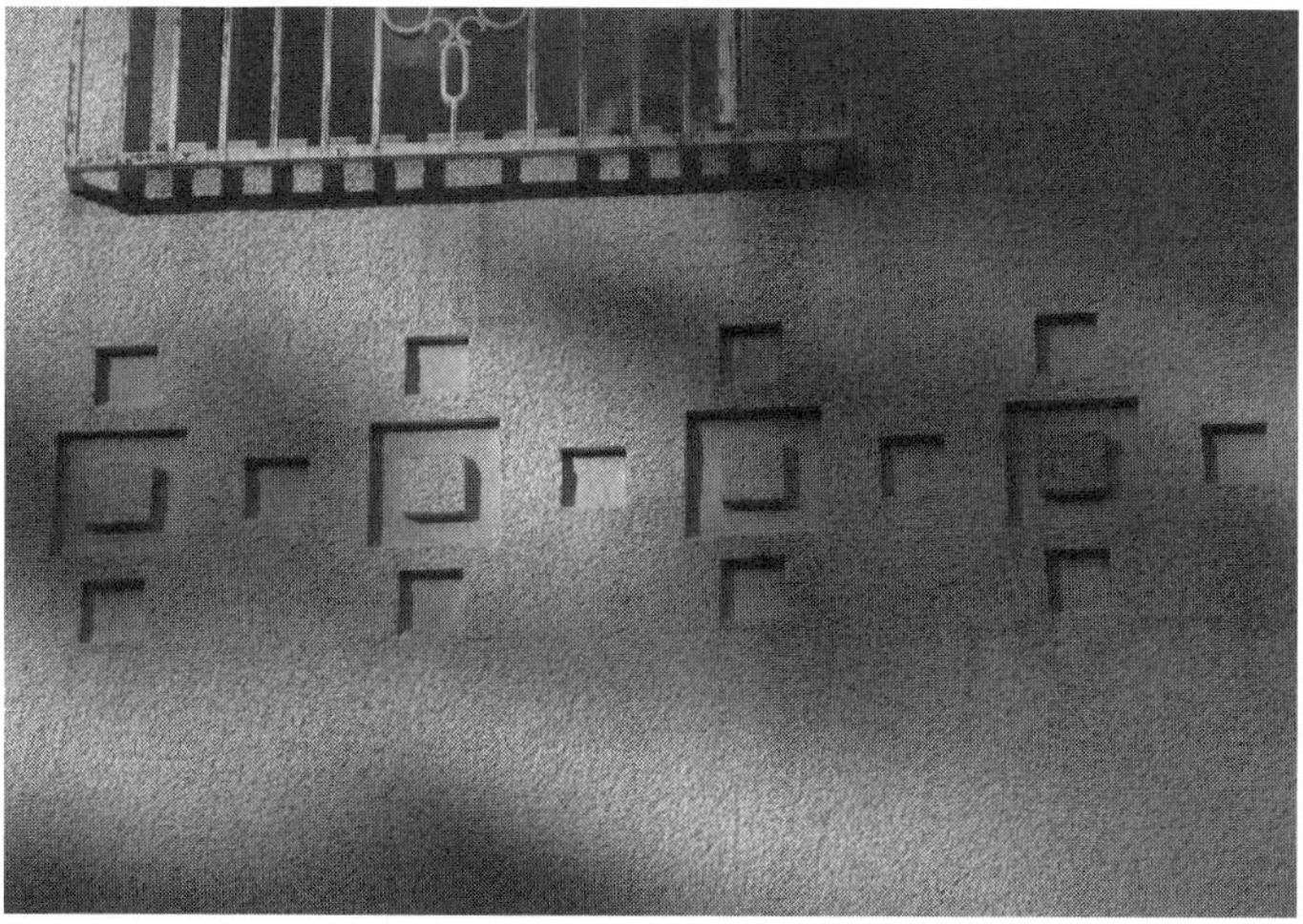

川奈ホテル、外観細部　壁面に正方形の組合わせによる装飾が見られる。

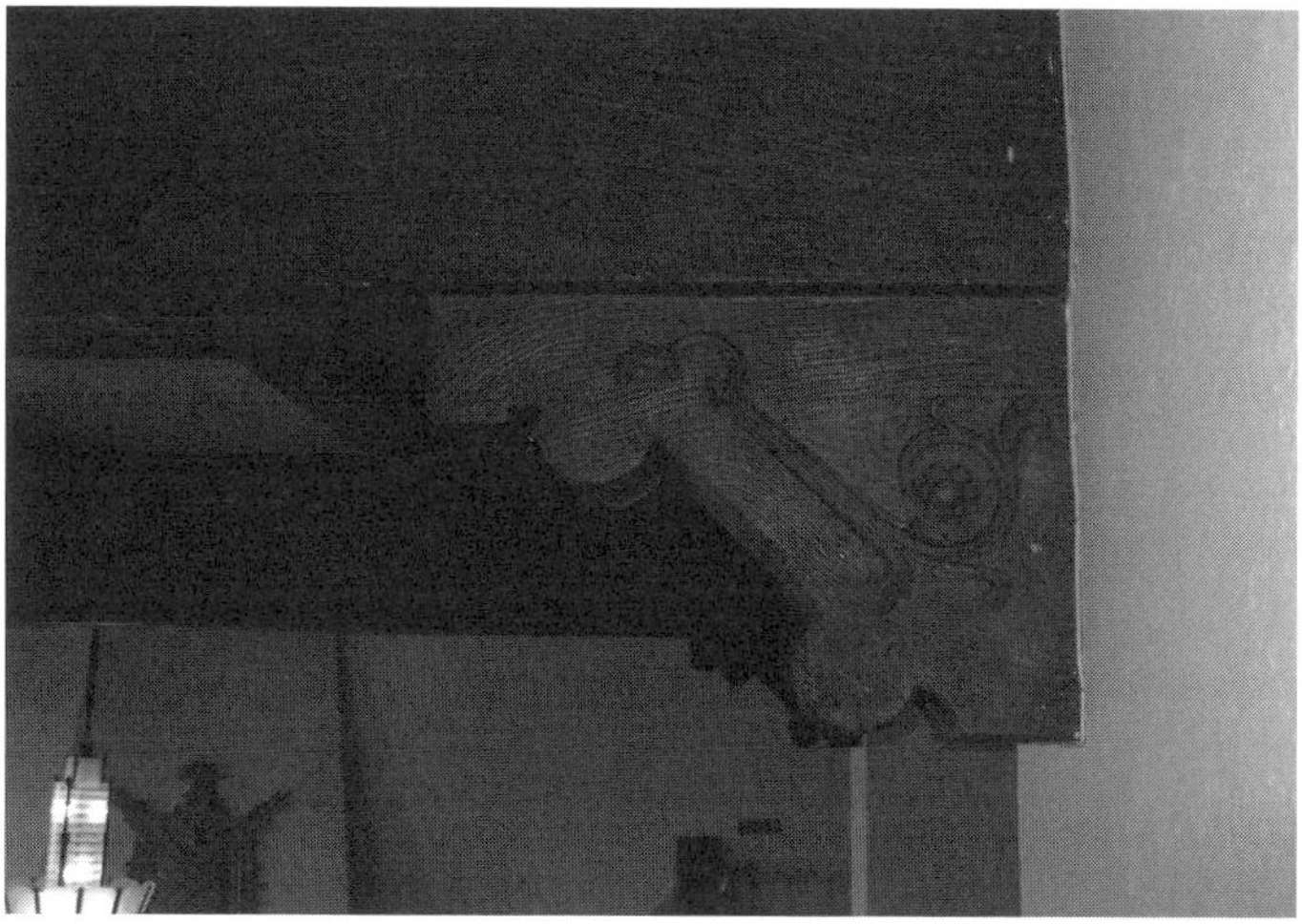

川奈ホテル、内部詳細　梁端部の持送り。西洋風でもあり、東洋風・日本風でもある独特な意匠。

川奈ホテル、内部詳細　メインロビーのアール・デコの照明器具。一部に少し東洋風の意匠も見られる。

清水栄二――アール・デコに託した実務家の才覚

清水栄二（一八九五～一九六四）は一八九五年（明治二八年）、現在の神戸市灘区にある武庫郡六甲村の土木建築業を営む家に生まれた。東大を卒業して、しばらく大阪の二つの建築関係の会社に勤めた後、神戸市に入って、後に神戸市の初代営繕課長となる。課長を務めるかたわら、自宅に「癸亥社」（設立の年一九二三年の干支に因む）という設計事務所を設ける。昔は公務員が余業として役所以外の私的な仕事を行うことがしばしばであったようだが、これはまたなんともあっけらかんとした余業実施である。その癸亥社が、一九二六年の神戸市退職と同時に開設した清水栄二建築設計事務所の母体となる。退職後もまた神戸市およびその周辺の公共建築を設計しており、昔はおおらかであったとしか言いようがない。亡くなったのは一九六四年（昭和三九年）、六十九歳であった。

神戸市時代の代表作としてよくあげられるのが、神戸市立生糸検査所（一九二七年、現・デザイン・クリエイティブセンター神戸）。これもまたアール・デコではあるが、そのアール・

デコ的な感じは、中央部分に限られている。清水栄二建築設計事務所になってからもたくさんアール・デコの建物をつくっており、それらのいくつかは現存している。年代順にあげると帝国信栄ビル（一九二三年、施工：不詳、市役所時代の余業）、旧・駒ヶ林町公会堂（一九二四年、施工：不詳、市立駒ヶ林保育所として用いられていたようであるが、現在は使われていない。これも公共建築でありながら市役所時代の余業らしい）、旧・高島邸（一九三〇年、現・甲南漬資料館、施工：自営、国の登録文化財）、御影公会堂（一九三三年、当初は御影町公会堂、施工：大林組）、旧・魚崎町役場（一九三七年、施工：竹中工務店、現在は魚崎児童館などの公共施設として使われている）である。それに、魚崎小学校（一九二九年）は新築されているが、一部が復元的に建てられており、主要な意匠は想像し得るし、南側にある門柱はオリジナル。

帝国信栄ビル（一九二三年）は、いまもそのまま同じ会社の建物として使われている希少な例。内部はクラシックであるが、外部はそれが幾何学的に大胆に簡略化されており、柱頭も柱礎も一切欠いたずんどうの円筒形の柱形が立ち、正面入り口まわりに幾何学的なアール・デコの装飾が施されている。腰壁はやはり細い円筒形をぐりぐりに並べたもので、このモチーフは後に先述の魚崎小学校の壁によく目立つ水平の帯となって現われ、門柱のコーニス下端にもそれが見られる。旧・駒ヶ林町公会堂（一九二四年）はシンプルでモダンな建物。壁の一部に、正方形に縦横斜めの線が入ったユニオンフラッグ柄のレリーフが見られ、コーニスの下端にジグザグの模様も見られる。

旧・高島邸(一九三〇年)は、清水栄二のアール・デコの頂点。彼の仕事は、内部にそれほど手をかけていないことが残念なところだったが、この旧・高島邸は照明器具もまったくのアール・デコでデザインされている。内装にはそれほど意が注げない公共建築での欲求不満が一挙に爆発したか。玄関右の天井付きの照明器具、内部の華麗な鉄細工につけられた照明器具、同様な木製の縁飾り、階段の親柱など、アール・デコが横溢。もっとも、外観はパラボラアーチ形の階段室が目立つので、やや表現主義風。

この旧・高島邸の余波が及んだのが、御影公会堂(一九三三年)と旧・魚崎町役場(一九三七年)。御影公会堂は、『兵庫県土木建築大鑑』(土木建築之日本社、一九三五年)にも「尚清水氏の設計及監督に成った建築物中一頭地を抜いて斯界に絶讃を博してゐるものは御影町公會堂」と記されている通り、角地にある印象的な外観をもつ彼の代表作であることに間違いがないであろうが、それほどアール・デコ的な感覚に溢れているわけではない。柱形がコーニスを突き抜けて終わる部分の造形や、各階の円窓、それに玄関左側の受付窓口などに成熟したアール・デコが見られる。旧・魚崎町役場も、またアール・デコの感覚に溢れた仕事であるが、それは正面中央部分に集中している。とりわけ頂部の造形は非常に濃密で、コーニスの唐草文様風のやや有機的にすぎる帯模様は、ぐるっとまわって背後にまで及んでいる。

帝国信栄ビル、外観　柱頭も柱礎もない寸胴形の円柱の付柱。モルタル塗りだが、玄関入り口周囲は石張り。

帝国信栄ビル、外観細部　玄関の上部。柱形が三本立ち上がり、壁の部分に三条の溝が彫られている。玄関の柱の上部にも三条の溝が見られる。

帝国信栄ビル、外観細部　建物の隅の三条の溝。コーニスの下端に正方形の窪みが見られる。

元・駒ヶ林町公会堂（旧・神戸市立駒ヶ林保育所）、正面外観　シンプルだが、二階の窓の上框は三段に沈められている。

元・駒ヶ林町公会堂、外観細部　窓の上のジグザグ模様。

元・駒ヶ林町公会堂、外観細部　窓の間の壁（スパンドレル）に十字と斜め十字を重ねた模様が見られる。

旧・高島邸（現・甲南漬資料館）、正面外観　階段室がパラボラアーチ形で一見表現主義風。

旧・高島邸、全体外観　側面から見ると、手前は蔵のよう。コーニスなどの枠取りが目立つ。

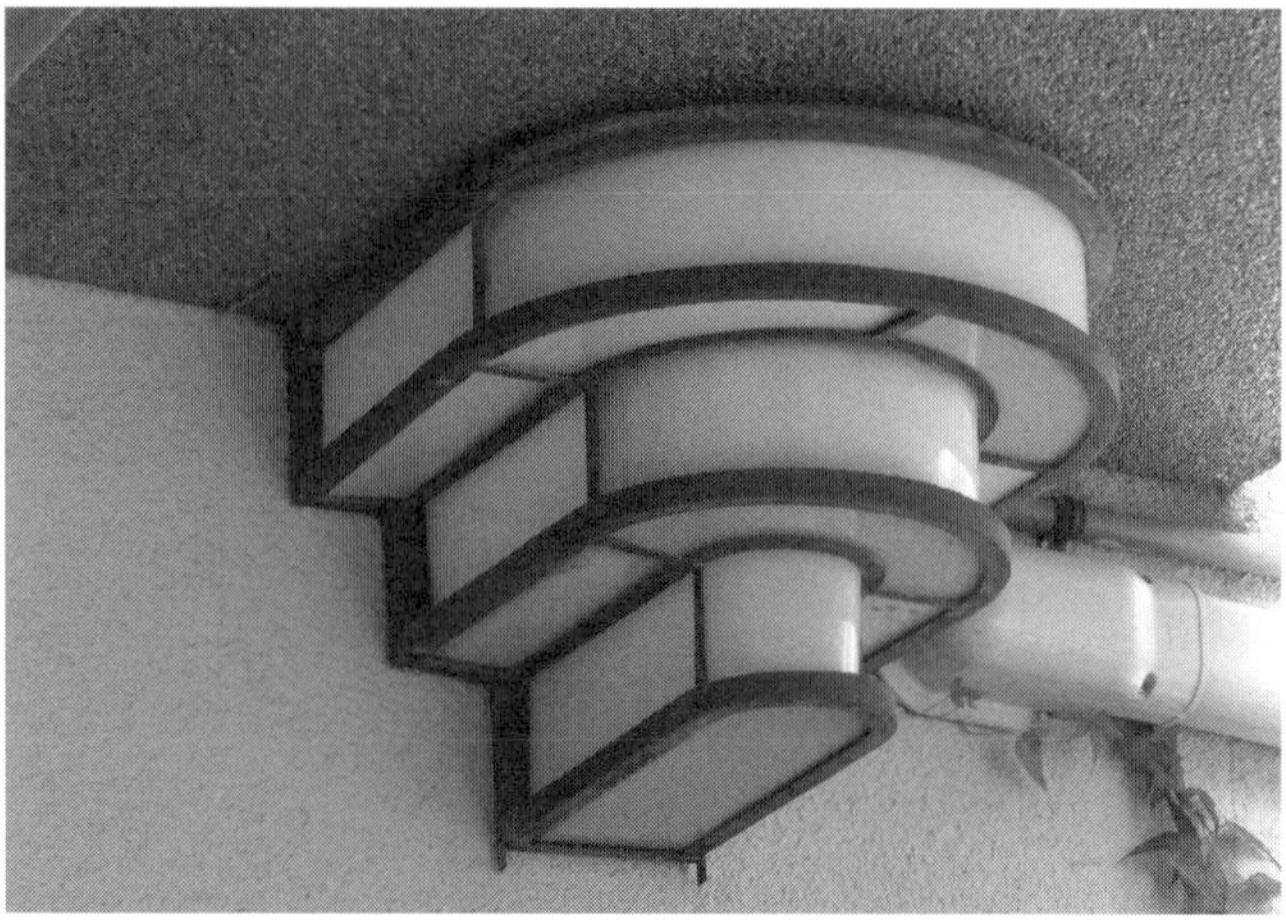

旧・高島邸、外観細部　玄関の照明。典型的かつ非常にモダンなアール・デコ。

旧・高島邸、内部詳細　階段室の照明器具。これぞアール・デコと言いたくなる。

旧・高島邸、内部詳細　階段室の照明器具。天井からかなり下がったところから長い腕を出す珍しい形。

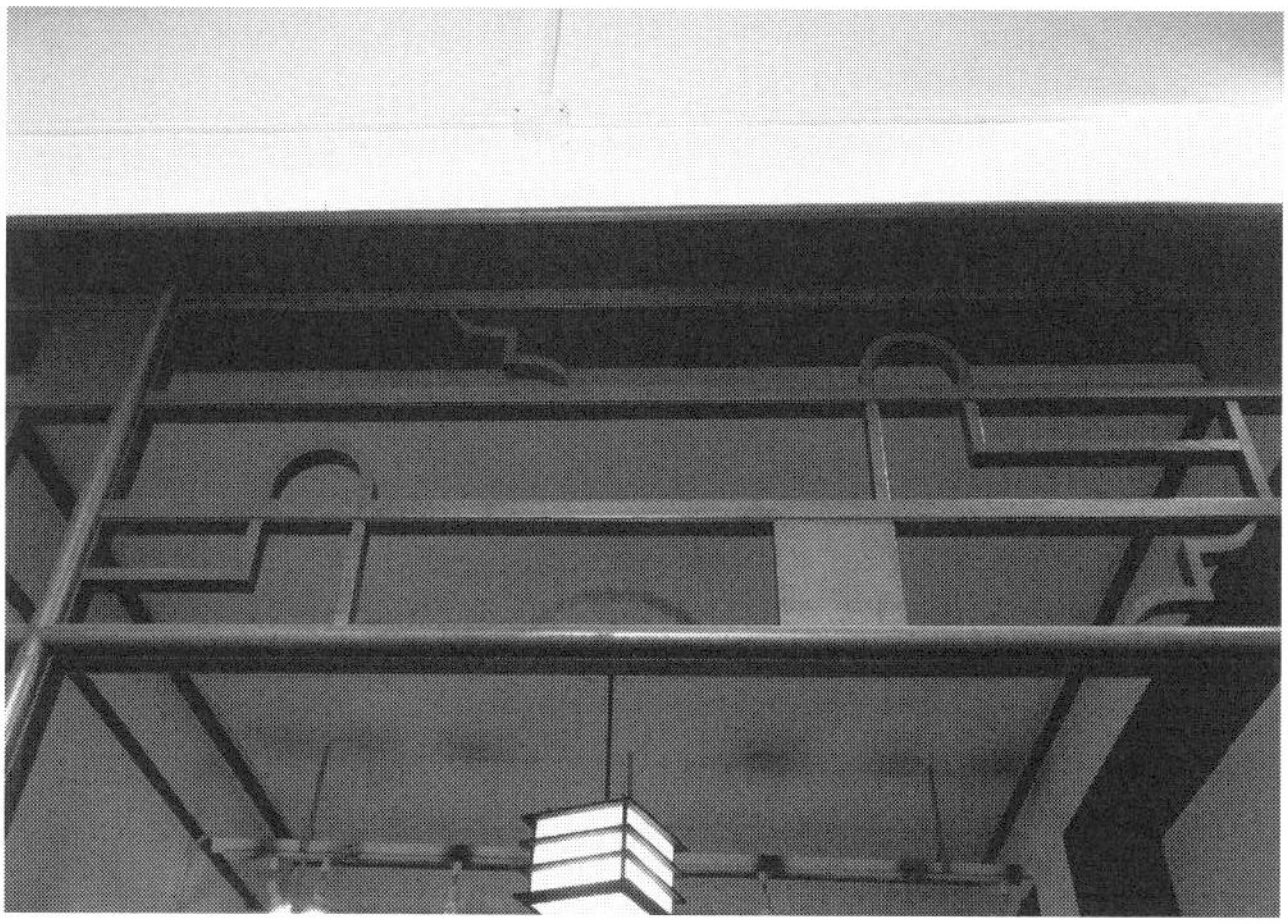

旧・高島邸、内部詳細　木製の枠取り。照明器具のデザインと共通する。

御影公会堂（当初は御影町公会堂）、外観　角地に立つ華やかな外観。円窓が目立つ。

御影公会堂、外観細部　正面の柱形の頂部が華やかな形で終わる。

御影公会堂、外観細部　玄関入り口わきの受付窓口。スクラッチタイル張りの壁にテラコッタ張りの水平の帯。受付窓口の隅は丸くなっている。

御影公会堂、内部　階段室。少し大味な感じもするが、基本的にはアール・デコの感覚を保っている。

旧・魚崎町役場（現・魚崎児童館）、正面外観　中央部とコーニスに稠密な装飾が見られる。

旧・魚崎町役場、外観細部　中央部の上部。コーニスの唐草模様風の装飾がやや異質だが、このコーニスの装飾は周囲を取り巻き、背後の一階分高くなったコーニスにまで続いている。

村野藤吾——出発の、そして生涯のアール・デコ性

二〇〇六年、丹下健三設計の広島平和記念資料館（一九五五年）と村野藤吾（一八九一〜一九八四）設計の世界平和記念聖堂（一九五四年）が、戦後の建物としては初めての国の重要文化財に指定されて話題になった。これは、日本の戦後を代表する建築家がこの二人であるという認識を広く認められたものとすることになったが、この二人は世代が二十歳ほど違い、丹下の実際の設計活動が文字通り戦後から始まるのに対して、村野は一九二九年に大阪に事務所を開いており、その頃からすでに設計活動を開始していた。したがって、一九三〇年代にはすでにいくつか作品を生み出しており、当然ながら、アール・デコの作品もある。

にもかかわらず、前著で村野作品をとりあげなかったのは、彼の造形には、アール・デコとは対立する漸次的に変化するグラデーションや、蛇状曲線のような自在に変化する滑らかな曲線や曲面がしばしば見られるからである。たとえば、前者の例としては宇部市渡辺翁記念会館（一九三七年、施工：宇部興産直営で杉村組・他が担当、国の重要文化財）の一階内部柱の柱

頭彩色と近三ビル(一九三一年、旧・森五ビル、施工:竹中工務店、東京都選定歴史的建造物)の一階の天井モザイクがあげられ、後者の例としては、尼崎市立大庄公民館(一九三七年、旧・大庄村役場、施工:岡本工務店、国の登録文化財)などの階段(彼の階段のプランと手摺りは独特の曲線を描くことが多い)や屋上の天井レリーフ(あるいは戦後のものになるが日生劇場の天井)があげられる。つまり、くっきりとした分節感やギクシャクとした変化、はっきりとした輪郭線を特徴とするアール・デコとは相反する側面を村野作品は含んでいたからである。ちなみに、村野の描く透視図は輪郭がもやもやとしていて、表面の質感もぐじゃぐじゃした感じに仕上げられている。こうした図面表現は、時には立面図にも及び、彼がくっきりとした輪郭を望んでいないことを想像させる。しかし、今回、村野の戦前の現存作品を再度訪れてみたが、それらはやはり紛れもなくアール・デコであり、ここに認識を改めて取り上げた次第である。

ここにとりあげるのは、すでにあげた宇部市渡辺翁記念会館、近三ビル、尼崎市立大庄公民館に加えて、ヒストリア宇部(一九三九年、旧・宇部銀行本店、施工:不詳、宇部市景観重要建造物)と北国銀行武蔵ケ辻支店(一九三二年、旧・加能合同銀行本店、施工:清水組)である。ついでながら、彼の最初の仕事とされる現存の日本基督教団南大阪教会の鐘塔(一九二八年)は、オーギュスト・ペレの強い影響下にあり、アール・デコとは関係しないが、いわばこのペレのもじりはレーモンドの東京女子大チャペル（一九三四年）よりもかなり早く、注目される。

まず初めに、村野藤吾の初期の簡単な履歴を。彼は一八九一年（明治二四年）、佐賀県唐津市（当時は東松浦郡満島村）に生まれ、早稲田大学を卒業。卒業後、大阪の渡辺建築事務所（渡辺節の主宰する名門事務所）に就職。十一年間の在籍の後、先述のように一九二九年に自分の事務所を開いている。渡辺事務所時代と独立直後に欧米を訪れており、亡くなったのは一九八四年（昭和五九年）、九十三歳の長寿であった。

さて、上にあげた五つの村野の建物であるが、年代順にいえば、まず近三ビル（一九三一年）。これは、この時期のオフィスビルとしては非常にモダンで、あまりアール・デコ的な造形とは関わりがない。しかし、モダンでありながらも建物の隅や出入り口の隅はきれいに弧を描き、コーニスは少し突出し、そして階段の鉄製の手摺りにはくり抜きが施されるなど時代の雰囲気を漂わせている。また、先述の玄関ホールのヴォールト風天井のモザイクもそうである。

内部が大きく改造された北国銀行武蔵ヶ辻支店（一九三二年）も、ファサードの三連の先端の尖ったパラボラアーチ窓の印象が強すぎるので、あまりアール・デコとは関わりがないように見えるが、外壁には波型と矩形を組み合わせたレリーフがいくつか見られるし、内壁にも矩形を組み合わせたくり抜きの装飾が見られる。

よりアール・デコ的と言えるのは、宇部市渡辺翁記念会館（一九三七年）、尼崎市立大庄公民館（一九三七年）、ヒストリア宇部（一九三九年）の三つである。宇部市渡辺翁記念会館（一九三七年）は、村野の戦前の代表作である。外壁には、ほぼ全面にタイルが張ってあるが、これが決して均一でのっぺりとはしていない。近寄って見ると凹凸感に溢れ、多様な張り方がしてあるのに気づく。タイルは縦横様々に張られているし、横長のタイルの所々に小さな正方形のタイルが突き出して張ってあるのである。入り口の左右には、鉱夫の像の上部に連続する山形をあしらったレリーフが見られる。内部にもまた、アール・デコの照明器具やくり抜き装飾が見られ、随所に鷲をモチーフにした細部造形が見られる。時代の高揚感と緊張感の表現であろう。

尼崎市立大庄公民館（一九三七年）にも鷲をモチーフにしたいくつかのレリーフが見られる。塔屋にはレリーフや天井装飾が見られる。内部は改装されているようだが、旧貴賓室が保存されていて、そこには連続卍模様の天井装飾も見られる。

そしてヒストリア宇部（一九三九年）。これも外壁にタイルが張ってあるが、より平滑でスムーズなものになっており、コーニスも無く、全体としてよりモダンである。しかし広い開口部の上部はわずかに凹凸する矩形平面のレリーフの壁面となっており、窓楣には六角形の装飾も見られ、側面の外壁には長いS字型の模様も見られる。

村野藤吾は生涯、装飾的細部を捨てず、空間が単なるスペースではなく、それを形づくっている材料の造形や質感で根本的に変わることをよく知っていた。戦後の代表作の一つ、日比谷日生ビル（一九六三年）の外観も豊穣で多様な造形的細部に満ちている。それは、彼の出発点であったアール・デコの遙かなる余韻であり、向かいにある帝国ホテルの以前の姿、すなわちライト館の精神を受け継ぐものでもある。なお、高橋貞太郎が設計した日本橋高島屋の二度にわたる増築部分（一九五四年と一九六五年）は村野の設計であり、その増築部分も共に国の重要文化財に指定されている。

近三ビル(旧・森五ビル)、外観細部　玄関入り口のコーナー部分。角が柔らかく丸くなっている。

近三ビル、内部詳細　玄関ホールの天井。もやもやした模様のモザイクタイル張り。

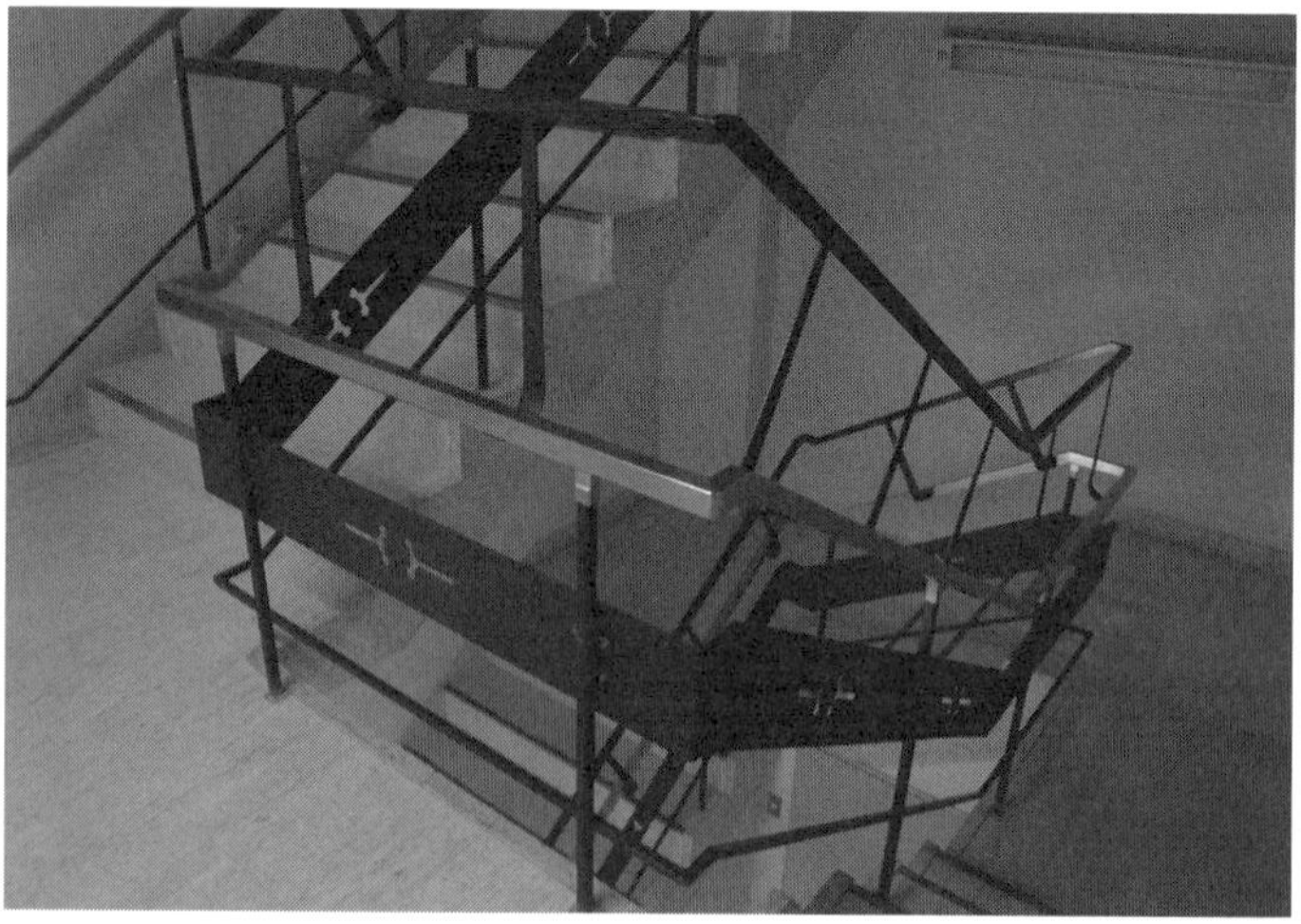

近三ビル、内部詳細　きわめてモダンな階段だが、これはオリジナルでないかもしれない。

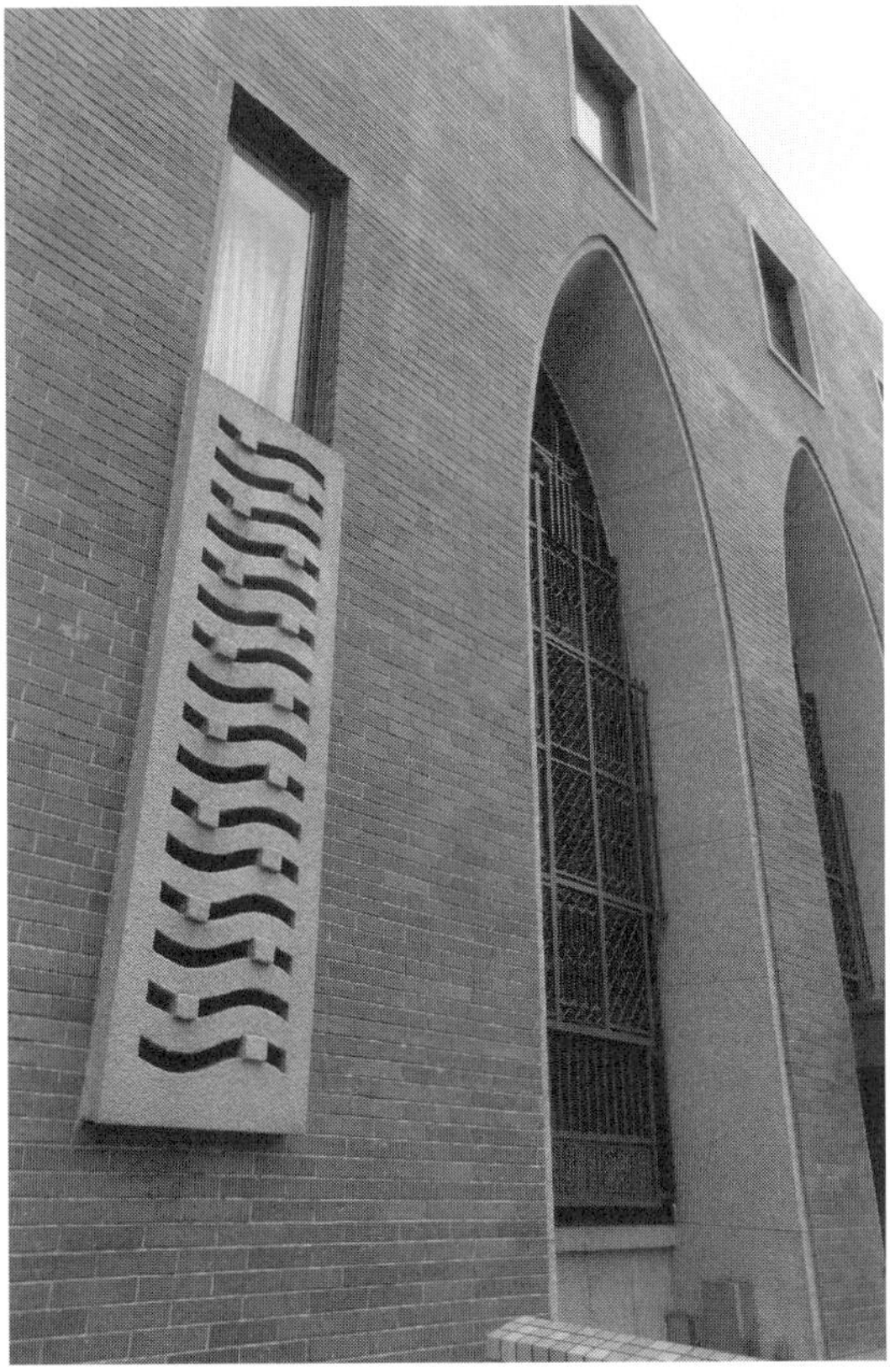

北国銀行武蔵ケ辻支店(旧・加能合同銀行本店)、外観細部　窓の下部に波形と正方形を組み合わせた装飾が見られる。

北国銀行武蔵ケ辻支店、外観　三つのパラボラアーチの印象が強い。一帯が再開発されて、その中に組み込まれた。

北国銀行武蔵ケ辻支店、内部　内部は改装されているが、壁の装飾は当初からこのようなものであったと思われる。

宇部市渡辺翁記念会館、正面外観 ファサードは突出する曲面。広い前庭に左右に三本ずつ記念柱を立てる。

宇部市渡辺翁記念会館、外観細部　壁面のタイル張り。何段かごとに縦にタイルを張って横帯をつくり、ところどころで正方形のタイルを突き出して張っている。

宇部市渡辺翁記念会館、外観細部　入り口左右のレリーフ。鉱夫が彫られ、上部に山形の装飾がある。

宇部市渡辺翁記念会館、内部詳細　柱の右側の断続的突出と、天井の曲折模様。

宇部市渡辺翁記念会館、外観詳細　壁付灯。鷲のマークが見られる。

宇部市渡辺翁記念会館、外観詳細　壁付灯。上端に、鷲の翼と丸に十字を組合わせた装飾が見られる。

宇部市渡辺翁記念会館、内部詳細　舞台袖の飾り。ハンマーが斜め十字に交錯した図像が見え、全体は鷲のイメージか。

宇部市渡辺翁記念会館、内部詳細　照明器具の上の飾り。やはり十字に鷲。

尼崎市立大庄公民館(旧・大庄村役場)、外観　たいへんモダンで、北欧の近代建築や、とりわけデンマークの一地方都市ヒルフェルスムの建築技師デュドックの影響があるかもしれない。

尼崎市立大庄公民館、外観細部　塔屋。レリーフを施した屋上は、ガウディ風でもあり、ル・コルビュジエのマルセイユのユニテ・ダビタシオン風でもある。

尼崎市立大庄公民館、外観細部　壁につけられた鷲の装飾。

尼崎市立大庄公民館、外観細部　外壁につけられたもう一つの鷲の装飾。こちらはレリーフ風。

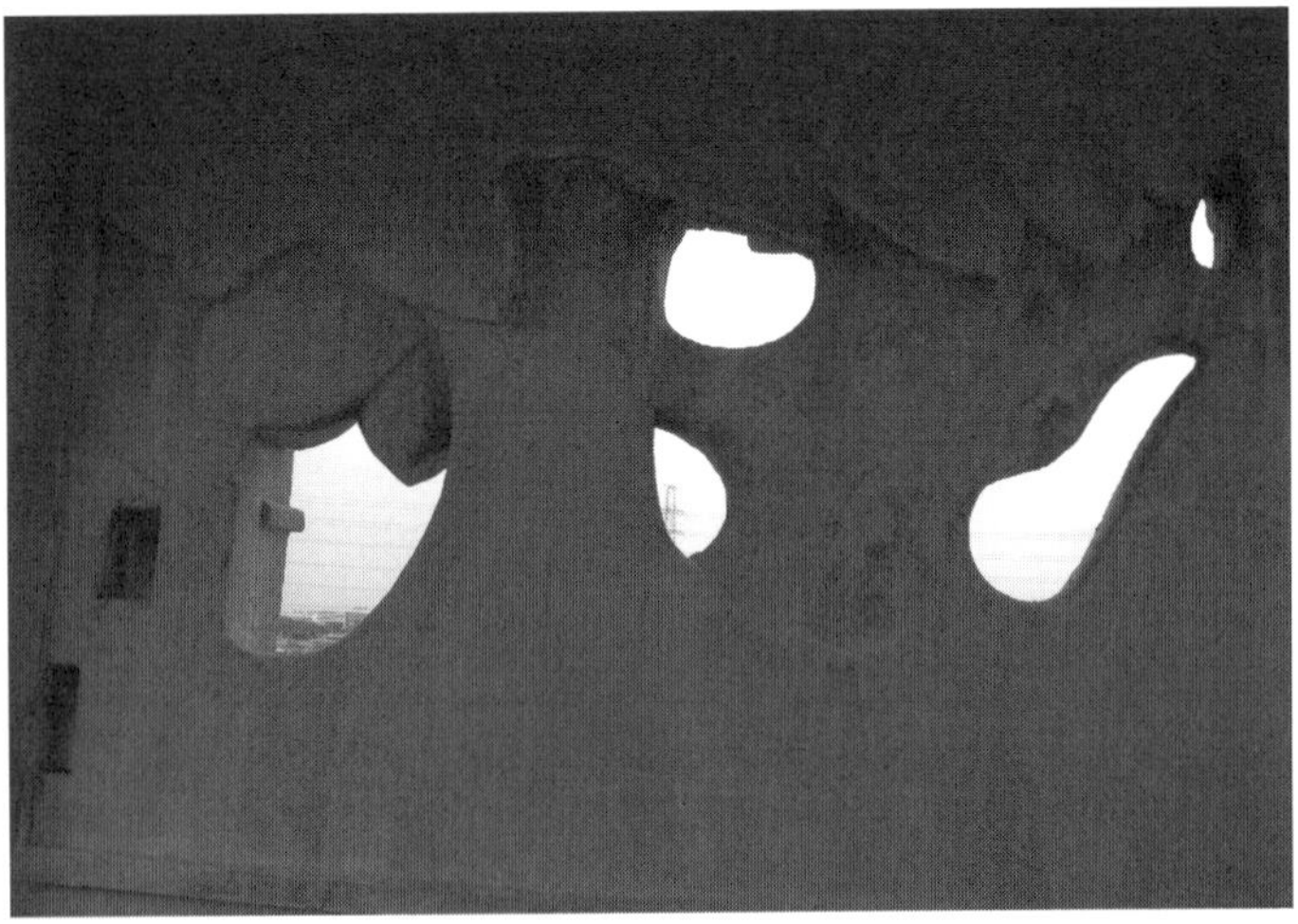

尼崎市立大庄公民館、外観細部　塔屋のレリーフ内側。やはりガウディ風か。

ヒストリア宇部(旧・宇部銀行本店)、外観　外壁はタイル張りだが、開口部の周囲は石張り、もしくは擬石張り。

ヒストリア宇部、外観細部　入り口上部の六角形の石張り。

ヒストリア宇部、外観細部　窓上部の擬石張り。少し、くの字型に突出している。

ヒストリア宇部、外観細部　側面ファサードの長いS字形の装飾。

あとがき

アール・デコの建築家たちは、基本的には物言わぬ、言挙げしない建築家たちである。設計の主旨とか意図とか、建築のあり方とか、社会に対する問題意識などを声高には叫ばない人が多い。黙々と仕事をし、施主に気に入られ、それを使ったり見たりする人の記憶に入り込み、結局は時代の景観をつくってきた。そしてそのいくつかは、今日も同じ用途で使われ続けており、時には文化財となったり、景観重要建築物となったりして大切に保存され、時代の文化や雰囲気を伝える貴重な歴史的資産となっている。

建物は設計者のみならず、施工者や施主など多くの人々の努力でつくられており、設計にも実際は多くの人が関わっている。どの建物も、多くの人々の尽力によって生み出されたものであり、竣工後はまた独自の生命を歩み始める。それは、施主の所有物であり、建設に関わった人たちの作品ではあるけれども、それを知る人のものでもあり、私的な不動産ではあっても、一つの社会的な存在となる。人の一生が親の意図通りに行かないのと同じで、子供はそれぞれ独自の人生を歩み始める。こうした見方に立てば、建物を建築家個人の側から語るということ自体が本来は邪道であるかもしれないが、建物をそれを中心になってつくった人の物語と合わせて見ると、いま見る姿とはまた違った味わいが湧いてくるかもしれず、さらに思い入れが出てくるかもしれない。

前著『日本のアール・デコ建築入門』(王国社、二〇一四)が出てから一年ほど経ったとき、王国社の山岸久夫氏より、渡辺仁と村野藤吾を中心にして建築家サイドから再度アール・デコを書かないかというお誘いを受けた。渡辺仁にはまったく異論はないが、村野藤吾を一緒に並べていいだろうかと戸惑い、つまるところアール・デコとはなにかを考え直した末に書いたのが本書である。アール・デコの建築家と呼び得る建築家は誰かという問いに対する回答でもあり、山岸氏への回答でもある。テーマを与えられ、それぞれの建築家の仕事を見に、あちこち旅行した。きょろきょろしながら危ない運転をするレンタカーの助手役で、ほとんど妻が同行してくれたが、次第に建築とはまったく関係のない彼女のほうが先に目的の建物に気付くことが多くなった。もちろん、時代を経た建物特有の存在感に反応したのであろうが、アール・デコの雰囲気は会得しやすかったということでもあろう。事故も起こさず、無事、旅行を終えられたことに妻、加代子に感謝したい。

それぞれの建築家の経歴については、植松清志「建築家本間乙彦について」(『大阪人間科学大学紀要』13号、二〇一四年三月)、川島智生「建築家　清水栄二の経歴と建築活動について」(『日本建築学会計画系論文集』544号、二〇〇一年六月)、二村悟、松山哲則・他「建築家・木下益治郎に関する研究　その1~3」(『日本建築学会学術講演梗概集』二〇〇七年八月)等の研究者の方々の論文に大いに助けられた。出版された本もたくさん見たが、とりわけ伊藤三千雄・前野嶤『日本の建築　明治・大正・昭和　第八巻「様式美の挽歌」』(三省堂、一九八二)、石田潤一郎『関西の近代建築』(中央公論美術出版、一九九六)、山形政昭監修『ヴォーリズ建築の100年』(創元社、二〇〇八年)を参照し、またネット上のINAX REPORTの169、180、181、183、185を参考にした。記して感謝したい。

山岸久夫氏にはまたしてもお世話になった。実際は、本書を読むよりも、氏の怪気炎を聞いたほうが面白いのではないかという気もするが、その怪気炎に乗せられてようやくここまできた。あの舌鋒鋭い山岸氏の歯切れのよさが少しでも乗り移っていることを願うのみである。

二〇一五年十一月

吉田鋼市

掲載建物所在地一覧　※注記ない場合は原則として公開。ただし一部のみの公開もある。

◉渡辺仁（1887-1973）

- 小田急南新宿ビル（旧・小田急本社）1928年　東京都渋谷区代々木2-28-12
- 新宿区立早稲田小学校　1928年　東京都新宿区早稲田南町25
- 福屋八丁堀本店本館　1938年　広島市中区胡町6-26
- 原美術館（旧・原邦造邸）1938年　東京都品川区北品川4-7-25
- DNタワー21（旧・第一生命館、東京都選定歴史的建造物）1938年　東京都千代田区有楽町1-13-1
- 徳川黎明会　1932年　東京都豊島区目白3-8-11（非公開）
- 八ヶ岳高原ヒュッテ（旧・徳川義親公爵邸）1934年　長野県南佐久郡南牧村大字海の口

◉宗兵蔵（1864-1944）

- 灘中学校本館（国の登録文化財）1929年　神戸市東灘区魚崎北町8-5-1
- 莫大小《メリヤス》会館　1929年 大阪市福島区福島3-1-39

◉鈴木禎次（1870-1941）

- 夏目漱石の墓　1917年　東京都豊島区南池袋4丁目　雑司ヶ谷霊園内
- 伴華楼（名古屋市指定文化財）1929年　名古屋市千種区法王町2-5-21
- 国際東船場113ビル（旧・高原ビル、国の登録文化財）1932年　徳島市東船場町1-13
- ノリタケ本社（旧・日本陶器事務所）1937年　名古屋市西区則武町3-1-36

◉武田五一（1872-1938）

- 旧・京都大学建築学教室本館　1922年　京都市左京区吉田本町
- 京都大学本館　1925年　京都市左京区吉田本町
- 京都市役所　1927年　京都市中京区寺町通御池上る上本能寺前町488
- 1928ビル（旧・大阪毎日新聞京都支局、京都市登録有形文化財）1928年　京都市中京区三条通御幸町角
- 桜宮橋　1930年　大阪市北区天満橋1丁目～都島区中野町1丁目

- 関西電力京都支店（旧・京都電燈株式会社） 1937年 京都市下京区塩小路通烏丸西入東塩小路町579

◉木下益治郎（1874-1944）

- 甲南病院 1934年 神戸市東灘区鴨子ヶ原1-5-16
- 馬車道大津ビル（旧・東京海上火災横浜出張所、横浜市認定歴史的建造物）1936年 横浜市中区南仲通4-43

◉国枝博（1879-1943）

- ごうぎんカラコロ美術館（旧・八束銀行本店、国の登録文化財）1926年 松江市殿町412
- 旧・八木通商（元・大阪農工銀行）1929年 大阪市中央区今橋3-2-1
- みずほ銀行徳島支店（旧・阿波農工銀行）1929年、徳島市船場町1-24
- 淡路信用金庫本町支店（旧・兵庫県農工銀行洲本支店）1935年 兵庫県洲本市本町7-3-1
- 滋賀県庁旧本館（国の登録文化財）1939年 大津市京町4-1-1

◉ウィリアム・メレル・ヴォーリズ（1880-1964）

- 豊郷小学校（国の登録文化財）1937年 滋賀県犬上郡豊郷町大字石畑518
- 滋賀県立八幡商業高校本館 1940年 近江八幡市宇津呂町10

◉中村順平（1887-1977）

- 「名教自然」碑（国の登録文化財） 1937年 横浜市保土ヶ谷区常盤台79-5 横浜国立大学構内

◉遠藤新（1889-1951）

- 旧・近藤邸（国の登録文化財） 1925年 藤沢市鵠沼東8-1藤沢市民会館敷地内
- 自由学園明日館講堂（本館とともに国の重要文化財）1927年 東京都豊島区西池袋2-31-3
- 真岡市久保講堂（旧・真岡小学校講堂、国の登録文化財）1938年 栃木県真岡市田町1345-1

・目白ヶ丘教会（国の登録文化財）1950年　東京都新宿区下落合2-15-11

◉本間乙彦（1892-1937）

・小川ビル（国の登録文化財）　1930年　大阪市中央区平野町2-5-5

・旧・大西邸（現・レストハウスまきば）　1933年　神戸市西区神出町東1180

◉高橋貞太郎（1892-1970）

・学士会館（国の登録文化財）1928年　東京都千代田区神田錦町3-28

・日本橋高島屋（国の重要文化財）　1933年　東京都中央区日本橋2-4-1

・川奈ホテル（国の登録文化財）　1936年　静岡県伊東市川奈1459

◉清水栄二（1895-1964）

・帝国信栄ビル　1923年　神戸市中央区琴ノ緒町5-4-1

・元・駒ヶ林町公会堂（旧・神戸市立駒ヶ林保育所）　1924年　神戸市長田区駒ヶ林町5-8-6

・旧・高島邸（現・甲南漬資料館、国の登録文化財）　1930年　神戸市東灘区御影塚町4-4-8 武庫の郷

・御影公会堂（当初は御影町公会堂）　1933年　神戸市東灘区御影石町4-4-1

・旧・魚崎町役場（現・魚崎児童館など）1937年　神戸市魚崎中町4-3-16

◉村野藤吾（1891-1984）

・近三ビル（旧・森五ビル、東京都選定歴史的建造物）1931年　東京都中央区日本橋室町4-1-21

・北国銀行武蔵ヶ辻支店（旧・加能合同銀行本店）　1932年　石川県金沢市青草町88

・宇部市渡辺翁記念会館（国の重要文化財）　1937年　山口県宇部市朝日町8-1

・尼崎市立大庄公民館（旧・大庄村役場、国の登録文化財）　1937年　兵庫県尼崎市大庄西町3-6-14

・ヒストリア宇部（旧・宇部銀行本店、宇部市景観重要建造物）　1939年　山口県宇部市新天町1-1-1

吉田鋼市（よしだ　こういち）

1947年、兵庫県姫路市生まれ。

1970年、横浜国立大学工学部建築学科卒業。

1977年、京都大学大学院建築学専攻博士課程単位取得退学。

1973～75年、エコール・デ・ボザールU.P.6および古建築歴史・保存高等研究センター在学（仏政府給費留学生）。

横浜国立大学教授、同大学院教授を経て現在、同大学名誉教授。工学博士。

著書　『日本のアール・デコ建築入門』（王国社）
『図説アール・デコ建築』（河出書房新社）
『西洋建築史』（森北出版）
『アール・デコの建築』（中公新書）
『トニー・ガルニエ「工業都市」注解』（中央公論美術出版）
『オーギュスト・ペレ』（鹿島出版会）
『トニー・ガルニエ』（鹿島出版会）
『オーダーの謎と魅惑』（彰国社）
『ヨコハマ建築慕情』（鹿島出版会）
『ヨコハマ建築案内1950-1994』（鹿島出版会）　ほか
訳書　P.A.ミヒェリス『建築美学』（南洋堂出版）　ほか

日本のアール・デコの建築家

2016年1月30日　初版発行

著　者——吉田鋼市　
発行者——山岸久夫
発行所——王　国　社
〒270-0002 千葉県松戸市平賀152-8
tel 047（347）0952　　fax 047（347）0954
郵便振替 00110-6-80255
印刷　三美印刷　　製本　小泉製本
写真——吉田鋼市
装幀・構成——水野哲也（Watermark）

ISBN 978-4-86073-061-1　*Printed in Japan*